データドリブン経営の不都合な真実

著 グランバレイ株式会社　鍜治川 修

東洋経済新報社

本書発刊にあたって

経営にデータを活かす意識をもつ
すべてのビジネスパーソンへ

グランバレイ株式会社
代表取締役社長 大谷 泰宏

なぜ、データ分析と活用は挫折するのか

まずはじめに、本書を発行するに至ったいきさつを紹介させてください。そこには、データ分析システムの構築に長年携わってきた私自身の自責の念があります。

当社は、お客様企業のデータ分析と活用を実現する経営情報管理基盤構築を支援すること

を目的として、２００５年１月に設立したコンサルティング会社です。当社設立前の私は、ＳＡＰ　Ｊａｐａｎという会社で、１９９９年から約６年間、ＳＡＰ　ＢＷ（Business Warehouse）と呼ばれるＤＷＨ（Data Warehouse）製品の責任者を務めていました。西暦２０００年問題に端を発した、企業の基幹業務システムのＥＲＰ化の波に乗り、ＳＡＰ導入企業の経営管理ニーズを一手に担ったＳＡＰ　ＢＷは、瞬く間に数百社のＳＡＰユーザーに採用されました。会社からビジネスの一翼を担わされた一マネージャーとしては、この結果は胸を張れるものではありました。しかしながら、何年かの後、ＳＡＰ　ＢＷを導入してくださったお客様を訪ねて状況をうかがってみると、ほとんどのお客様がＳＡＰ　ＢＷを十分に使いこなせていなかったのです。なかには「うまく使えないから、もう別の分析システムを導入した」とおっしゃるお客様もいらっしゃいました。私は、ＳＡＰ　ＢＷがお客様企業の競争力強化や収益性の向上に役に立つと心から信じていただけに、お客様に対する申し訳なさを感じるとともに、その状況を改善する責任を感じました。

お客様にＳＡＰ　ＢＷを十分に活用していただけなかった原因はいくつか考えられますが、

・ＥＲＰ（Enterprise Resource Planning）という言葉が先行し、実態としてはパッケージの基幹業務システムでしかないＥＲＰが、あたかも経営管理システムそのものであると誤解さ

れていること

・ＥＲＰブームの成り行きから、ＥＲＰ構築ベンダーの多くが、業務システム領域の体制構築を主眼に置き、経営管理システム領域の要員育成や体制づくりが二の次になっていること

・構築プロジェクトへの関心がＥＲＰ部分に偏り、システム導入予算の確保やプロジェクト進行もＥＲＰ先行になりがちなこと

などが挙げられます。

そもそも業務システムは、ひとたび稼働すると粛々と業務処理をこなし、その記録を積み重ねていきます。これに対して、分析システムは自らが集計や分析の素データを発生することはなく、業務システムの記録データを取り込んで初めてその能力を発揮するようになります。データのインプットなくしてアウトプットはできないため、ただ構築しただけでは大して役には立たないのです。日々、業務システムで発生する記録データから、分析目的に応じて必要なものを抽出し、分析モデルを組み上げて、ようやくスタートラインに立つことになります。長期間にわたりこのしくみが機能すればするほど、分析もより多様で精度の高いものになっていくわけです。

ＳＡＰ ＢＷを十分活用されていないお客様は、分析システムの構築それ自体が目的にな

ってしまっていたと考えられます。

データドリブン経営の推進・加速のキーワードは「ポストプロジェクト」

私がSAP BWを提案していた二十数年前と比べて、データ分析と活用に関するテクノロジーは画期的に進歩しました。とくに顕著なのが、半導体技術の進化とクラウドの台頭です。

前者は、分析エンジンのスピードと拡張性を著しく高めるとともに、分析システム利用者側のフロントエンド機能も著しく向上させています。後者は、システムリソースに対する段階的投資の考え方を一変させました。大規模データレイク構築や機械学習、AIによるデータ分析と活用においても従来では考えられなかった取り組みができるようになっています。EUC（End User Computing）という概念が、ようやくEUA（End User Analytics）へと昇華し始めていることを実感しているところです。

これからの分析システム活用のキーワードは「ポスト（導入）プロジェクト」。すなわち、システム構築後の社内への展開・推進、データ利活用文化の啓蒙、そして分析ニーズの変化に対して、柔軟かつ迅速に対応することに心を割くということに他なりません。

当社は、お客様に寄り添い、中立的な判断ができる「オーナーズコンサルティング」という視点で、そのための支援策を着実に固めつつあります。

「See the Unseen」すべてはこの国の未来のために

システムインテグレーターやコンサルティングファームを含めて、力のあるベンダーは他にもあるでしょう。しかし、手広く取り組んでいる会社ほど、戦略的なアライアンス関係などに縛られているケースも散見され、顧客の利益に質する中立性を担保できない状況にあることも事実です。それだけに、当社は中立性を維持し、愚直にデータ分析・活用領域に特化した稀有な存在をめざしています。

また、これまでわれわれが得意としてきた領域は、ＳＡＰの内縁系にある構造化データの分析と活用ですが、各種ＳａａＳソリューション、ＩｏＴ機器のログデータはもちろん、ＳＮＳ上のコメントなどの非構造化データをクラウド上で分析するＳＡＰ外縁系へもその領域を拡大しています。

当社の究極目標は、データ分析と活用を通じて、わが国の未来を明るく照らすことです。そのために、「See the Unseen――データと人間の力で、明日を見通す――」として、さまざまな企業の未来を変えるデータを見つけ、読み解き、その先を見通す「データ駆動型」の経営に導く支援を行っています。

そして、お客様とともにわが国ならではの強みを活かしたデータドリブン経営を追求することが、国際競争力の強化につながっていくものと信じています。

この一冊が、経営者やＩＴ・デジタル部門の部門長はもちろんのこと、すべてのビジネスパーソンの一助になれば幸いです。

目次

本書発刊にあたって 3

第1章

「データドリブン経営」の現状を問う

——「データ分析と活用」の5つの真実

「データ分析と活用」の本質とは何か …… 18
表裏一体の関係にある「分析」と「活用」 19

真実その1
データを分析しても課題は解決しない …… 21
目的なきデータ分析と活用に明日はない 23
本質的な課題とは、「めざすべき10年後の当たり前」 24
データ活用を阻む「データありきの分析」のワナ 27

真実その2
BIツールだけでデータ分析はできない …… 30
BIツールの活用は適切なベンダー選択から始まる 32
社内に複数のBIツールが混在する理由 33

「縦割り」の弊害を防ぐ部門横断的なアプローチ　35

真実その3　分析に最も適したITツールはExcelである……37

Excelが業務遂行に欠かせない要因とは　38

必要なのはExcelとBIツールの適切な役割分担　40

真実その4　ERPに蓄積されたデータのみの分析はあまり意味がない……42

置き去りにされる「企業資源計画」というERPの本質　43

企業現場で頻発する「手段の目的化」　45

手つかずの状態にあるSoEとSoI　47

真実その5　ERPの導入だけでは、グループ経営は可視化できない……49

ERPは連結管理を行うようにはできていない!?　51

ポイントは「一元化」と「標準化」　53

第2章

「データ分析と活用」のボトルネックを探る

——不都合な真実はなぜ生まれたのか

データ分析と活用のこれまでの歴史 …… 58

データ分析と活用におけるユーザー企業の現状 …… 62

ＢＩツールを導入してはみたものの…… 63

意思決定を支援するＢＩツール。しかし宝のもち腐れに 64

データマネジメントを担う組織体制の古さが課題 66

先まで見えていない予算措置の問題 67

「目的の明確化」ができていない 68

「データの民主化」の必要性 …… 72

「データの民主化」が求められている背景 74

データ分析と活用がＣＸ、ＥＸを育む 78

ＩＴベンダーの業界構造 …… 80

ＩＴベンダーはＤＸの担い手になれるのか 81

ＩＴベンダーの開発手法 84

ＤＸというバズワード …… 88

破壊的イノベーションの原点は、実はシンプル？ 90

ＤＸは、こうして失敗する 92

ハイプ・サイクルの観点ではＤＸに異議あり 94

第3章 「データ分析と活用」の本質論（データ編）
――「データ分析と活用」の大前提となる「データ」とは!?

「データ」の深掘りから始まる …… 98
「データ分析と活用」における課題と目的とは!? …… 100
「データ分析と活用」を有効化する問題発見のポイント 100
企業に蓄積されている「データ」とは何か!? …… 106
「使うこと」を大前提に定義された「構造化データ」 107
業務直結型の「非構造化データ」は、いまだ無法地帯!? 109
集めやすさ重視では、「データ分析と活用」はできない …… 112
「間違いだらけのデータ選び」を正解に導く4つのポイント 116
「過去・現在・未来」のどこにフォーカスすべきか!? …… 126
「過去」へのアプローチでできることは、傾向・原因の把握だけ 128

「現在」へのアプローチのポイントは、課題の喚起と抽出 130
「未来」へのアプローチこそ、「データ分析と活用」の本流 132
「課題解決」へと導く、情報のパイプラインとは!? 134

成功に導くデータ環境整備のスコープとは!? …… 137

「データ分析と活用」のはじめの一歩は基幹システム統合 139
ERP導入に「Fit to Standard」が求められる理由 141
2層ERPも選択肢の一つ 143
「情報基盤」と「データ活用基盤」 144

第4章 「データ分析と活用」の本質論（組織・人材編）

——求められる組織とリテラシー＆スキル

データドリブン経営を実現する組織と人材 …… 148

データドリブンな組織とは何か …… 150

専任組織型（BICC） 150
情報システム部門配下型 155

現業部門配置型　158
データ分析と活用を成功に導く組織術　161
データを中心とする組織階層のあるべき姿　164
「データ分析と活用」で求められるリテラシーとは!?　……　170
データリテラシーとは、課題解決への道筋を策定する能力　172
分析リテラシーに求められる素養は、論理的思考　176
ビジュアライズリテラシーとは、分析結果の表現力　180

第5章

「データ分析と活用」の本質論（ツール編）

——「間違いだらけのツール選び」からの脱却術

適材適所でツールを活用する　……　190
データ収集基盤編　ERP　……　192
データ収集基盤編　SFAとCRM　……　193

ＳＦＡと「データ分析と活用」の密な関係 195
「顧客管理」から「顧客接点・体験」の変革・創造へ 199
「顧客理解」を踏まえて、「マーケティング５・０」の領域へ 205

データ 収集 基盤編

ＩｏＴ …… 208

ＩｏＴで変わりつつある「データ分析と活用」の世界 210

情報 基盤編

データウェアハウスとデータレイク …… 212

データベースを源泉に発展してきたＤＷＨ 213
ＤＷＨとデータレイクは、「目的」が違う 217
「データ分析と活用」を段階に応じて使い分ける 219
技術の進化と経済性を踏まえて使いこなす 221

情報 基盤編

ＥＴＬツール …… 225

ＥＴＬツールの利点はノーコード・ローコード開発 229
「強み」と同居するＥＴＬツールの「弱み」 233

データ 活用 基盤編

ＢＩツール …… 238

ＢＩツールを「使いこなす」ということとは!? 240
「データ分析と活用」におけるＯＬＡＰ分析の魅力と課題 244

データ活用基盤編

予算管理ツール …… 247

予算管理ツールに期待される改善効果 249

予算管理ツールのもう一つの魅力とは!? 253

これだけある!! 予算管理ツール導入のハードル 255

データ活用基盤編

RPA …… 260

RPAと「データ分析と活用」の微妙な関係 262

データ活用基盤編

AI …… 264

AIで実現できる「企業変革」とは!? 267

AIによる「データ分析と活用」は、夢から現実へ!? 269

あとがき 275

第1章

「データドリブン経営」の現状を問う

——「データ分析と活用」の5つの真実

「データ分析と活用」の本質とは何か

ＤＸ（Digital Transformation）が世の中を席巻するトレンドとなる中、データ分析と活用は経営に不可欠な要素とされている。そして、データ分析と活用の先には「データドリブン経営」というバラ色のようなビジネス環境が拓かれ、さらにＡＩによる機械学習や画像解析、自然言語処理などの技術を駆使すれば、社会におけるあらゆる課題が解決できるとさえ期待されている。

たしかに、これまでの産業構造を大きく変えるＤＸが、デジタル社会の恩恵を享受するための取り組みであることは間違いない。経済産業省は２０１８年12月に発表した「デジタルトランスフォーメーションを推進するためのガイドライン（DX推進ガイドライン）」の中で、ＤＸを次のように定義し、企業における推進のあり方を示唆している。

「企業がビジネス環境の激しい変化に対応し、データとデジタル技術を活用して、顧客や社会のニーズをもとに、製品やサービス、ビジネスモデルを変革するとともに、業務そのものや、組織、プロセス、企業文化・風土を変革し、競争上の優位性を確立すること」。

この観点からＤＸを見直してみると、そこから「データ活用」という大きな塊を抽出することができる。この塊は、従来、経営者の経験や勘に頼って行われてきた主観的な判断をデータにもとづいた客観的な判断へと変えることである。つまり、データ活用とはデータにもとづいた判断を経営判断の前提の状態にすることである。そうすることで、ようやく「データドリブン経営」というマイルストーンが視界に入ってくる。

表裏一体の関係にある「分析」と「活用」

当社は、企業におけるデータ活用に着眼したＩＴコンサルティング会社である。２００５年１月の設立以来、「データ×経営のスペシャリスト」集団をめざし、Ａｎａｌｙｔｉｃｓ、ＡＩ、ＥＲＰ（統合基幹業務システム）のスペシャリストを擁して、データにかかわるコンサルティングサービスを提供し続けてきた。

ちなみに、「データ分析」と「データ活用」は同一線上にありながら、異なる目的を担っている。

前者の目的はデータというファクト（事実）から法則を見出し、価値ある情報へと昇華させることで、本質を見抜く知見やインサイト（洞察）を獲得することにある。

一方、後者は、業務の効率化や生産性の向上など、ビジネスにおけるさまざまな課題に対して、データにもとづいた客観的な判断によって解決することを意味する。つまり、「データ分析」を通じて得られた知見やインサイトをビジネスに活かすことが「データ活用」であり、両者の関係は表裏一体となっている。

ただし、本来は経営に役立つはずのデータ分析が、顧客企業において必ずしも活用されていないという残念な現実も認めざるを得ない。それは、おそらくデータ分析と活用の本質が十分に理解されていないからだろう。そのことは、ＤＸとデータ活用が混同されている現状からも、うかがえるのではないだろうか。ＤＸという概念だけが注目され、その目的であるはずのデータ活用が置き去りにされてしまっている。

しかし、いうまでもなく、データ分析とその活用を軽視したＤＸなど成立するはずがない。流行り言葉としてのＤＸに惑わされないためにも、本章ではデータ分析およびデータ活用の実態をクローズアップして、特徴的な５つの「真実」を指摘する。それらの真実に着目したうえで、データ分析と活用の重要性をあらためて認識しておきたい。

データ分析5つの真実

・データを分析しても課題は解決しない

- ＢＩツールだけでデータ分析はできない
- 分析に最も適したＩＴツールはＥｘｃｅｌである
- ＥＲＰに蓄積されたデータのみの分析はあまり意味がない
- ＥＲＰの導入だけでは、グループ経営は可視化できない

真実 その1

データを分析しても課題は解決しない

ＢＩ（Business Intelligence）ツールを導入してデータ分析に取り組んでいる企業から、よく「データ分析をしても業績向上や業務改善につながらない」「何も変わっていない」といった声が聞こえてくる。なぜ、そうした不満が起きるのだろうか。

ＢＩツールを使えば、たしかに分析らしきことは誰にでもできる。データをグラフ化して現状を把握することも、容易にできる（図1-1）。しかし、それらを知見やインサイトと呼ぶことはできないだろう。にもかかわらず、ＢＩツールによって「分析らしきこと」をすれば満足してしまうケースが少なくない。

図1-1　BI（Business Intelligence）とは

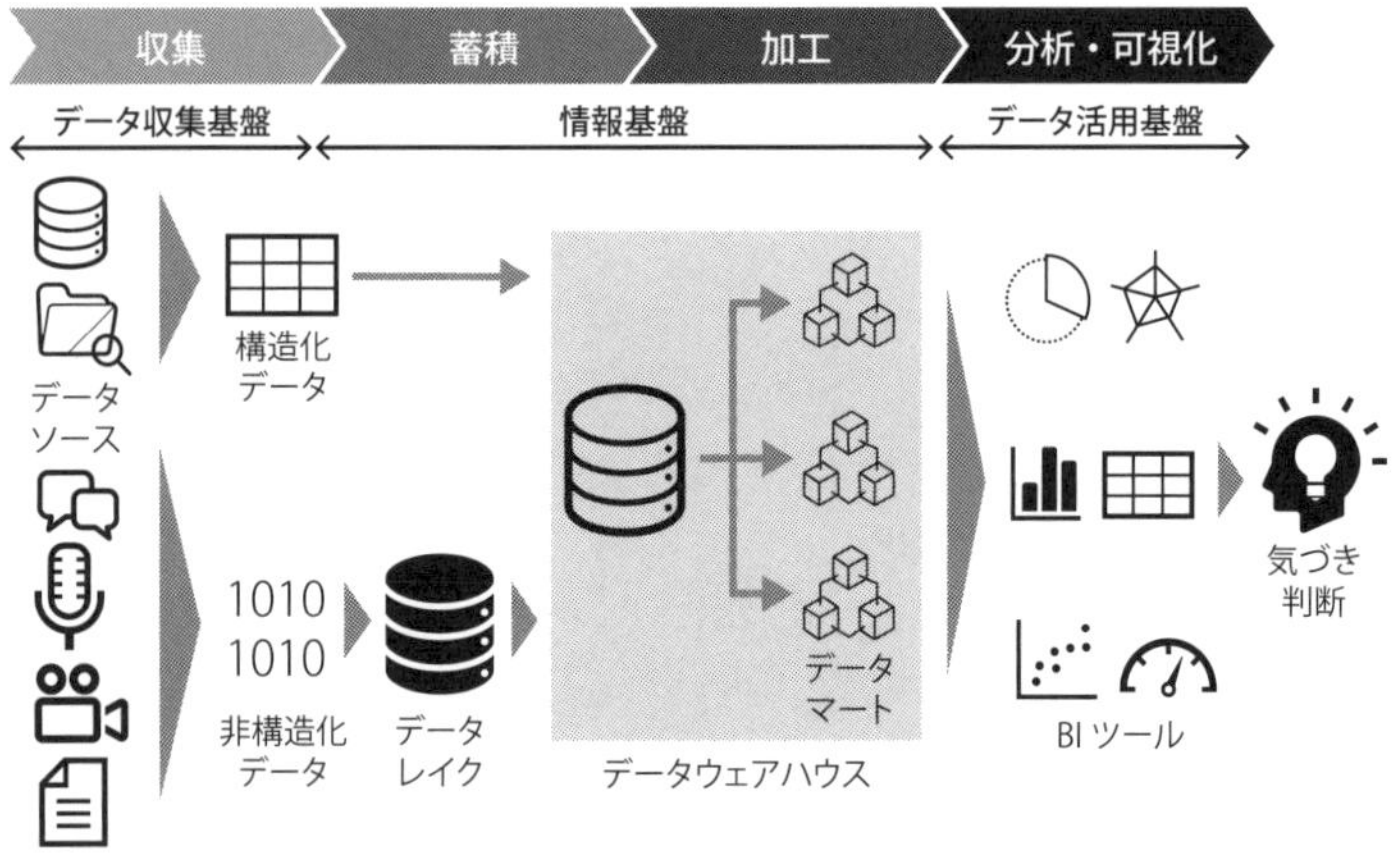

本来であれば、データの分析を行い、その分析結果から、問題の原因究明（インサイトの発見）を行い、解決につながる改善策を立案し、その改善策を実施していくことによって初めてＢＩツールで分析を行うことに意味が出てくる。この一連のプロセスの中でＢＩツールにできることは、分析するステップのみである。その後の原因究明も、改善策立案も、改善実施もＢＩツールが自動で行ってくれるものではない。

ところが、ＢＩツールを導入しさえすれば、さまざまな経営課題が解決するものだと思い込んでいる企業がどれだけあることか。それで課題が解決されるはずもなく、結果として、ＢＩツールは役に立たないと不満を感じてしまうのだ。われわれは、こうした構造をデータ分析と活用の「負のスパイラル」と呼んでいる。

では、そういった「負のスパイラル」に陥ってしまう原因はどこにあるのだろうか。それは、基本的に次の3つの前提が整っていないことによる。

・1つ目として、「目的（ゴール）」が明確化されていない
・2つ目として、当事者である企業が本質的な課題に気づいていない
・3つ目として、分析の対象となるデータそのものに問題がある

以降、それぞれについて詳しく考えてみる。

目的なきデータ分析と活用に明日はない

第一のデータ分析と活用の「目的（ゴール）」は、「経営に役立つ」結果を導き出すことに尽きる。データ分析を通じて得た知見やインサイトを活用して経営者が迅速かつ的確な意思決定を行い、社会や経済環境の変化に対応しながら、自社のコアコンピタンスを存分に発揮した差別化戦略へと舵を切る。そうして競争優位を確立するための基盤を築き、新たな価値を創出して未来への布石とすることに大きな意味がある。

ところが、現状のＢＩツールの利用は、現在の状況を把握し、その結果をレポートとして報告するレベルで終わっていないだろうか。単にそれだけのためなら、わざわざＢＩツール

を導入するまでもなく、これまでのようにＥｘｃｅｌで集計を行うだけで十分だ。分析された結果から、次なるアクションにつなげ、業績向上や業務効率化につなげていくことが必要であるにもかかわらず、分析と活用の目的が不明確であるため、結局は「So What?（だから何？）」になってしまいがちである。

また、「目的（ゴール）」が明確にされていない場合、ツールやシステムを導入することが目的化してしまう恐れもある。本番稼働した時点で達成感が得られると、もはや本来の目的であったはずのデータ活用が置き去りにされてしまい、結局、ＢＩは役に立たないという誤った認識が定着してしまう。こうした傾向は、多くの組織に共通する普遍的な課題と考えてよい。大規模なプロジェクトに数年がかりで取り組むとき、いつしか無事に完走することが目的化してしまうケースは珍しくない。プロジェクトが大がかりであればあるほど、それをやり遂げた際の達成感が大きい。本来であればそこがスタート地点となるはずであるが、認識をあらためるのはそう簡単ではない。データ分析と活用の領域においても、「目的（ゴール）」がはっきりと示されていなければ、往々にして「手段」が目的化してしまうのである。

本質的な課題とは、「めざすべき10年後の当たり前」

２つ目に指摘した「企業が本質的な課題に気づいていない」とは、どういうことなのか。要は、従来の業務が「当たり前」になってしまっている、ということである。

基本的に、現在ではどの企業も基幹システムを中心に仕事を回している。その中にあって、とくに日本企業の基幹システムは部門最適の観点が優先されてきたため、「標準化」の視点で立ち遅れが目立つ。さらに、「使いやすさ」が追求されてきたこともあって、現状に特段の不満がなければ、データ分析と活用によって変えるべき点に気がつかない。

このように課題が認識されにくい状況の中でデータ活用のための環境を整えても、いったい何をどう変えればよいのか、戸惑ってしまうのも無理はない。加えて、前例主義や権威主義が、文化として根強く定着している日本企業は少なくない。変化を求める一方で、過去の実績による安心感も求めてしまうのである。このことが、新たなことへのチャレンジに際して、まずは「隣の芝生」が青いかどうかを確認することにつながっている。

集団で行動するペンギンの群れの中から、天敵がいるかもしれない海へと魚を求めて最初に飛び込むペンギンを「ファーストペンギン」というが、ビジネスの世界においては、単にリスクを恐れずに飛び込むだけでは、真のファーストペンギンとはいえない。海の中に想定される課題やリスクを事前に抽出し、成果もしっかり見据えたうえでの挑戦であるべきだ。

ちなみに、ファーストペンギンという言葉はＮＨＫの朝の連続テレビ小説「あさが来た」

でも話題となった。ドラマのヒロインのモデルとなった広岡浅子は明治時代を代表する女性実業家で、女性が社会の表舞台に立つこと自体がまれな時代に、いち早くエネルギー（炭鉱業）に目をつけただけでなく、銀行や生命保険会社、日本初の女子大学の設立にも尽力するなど、次々と新しい事業やしくみを創出した。

　そのような彼女を「冒険的」と称賛する声も多いが、実はその挑戦には類まれな知見とインサイト（洞察）があったに違いない。データ分析と活用とは、現在のような不透明な時代にあって、まさにそうした挑戦をバックアップするための手段である。そして、その目的は「10年後の当たり前」を築くことにある。そうして将来を見据えた変化に挑戦し続けることこそ、データ分析と活用の真髄なのである。

　しかし、企業が「現状の当たり前」から抜け出すのは容易ではない。まずは、固定観念を一掃することが必要で、そのためには経営トップのリーダーシップと実行力が問われることになる。マインドセットされた状況から「気づき」をうながすためには、マインドチェンジへ向けての相当な覚悟が必要であり、これまでの教育・研修のあり方から人事制度までを抜本的に見直す必要にも迫られるだろう。その一環として、アイデアソン（Ideathon）、ハッカソン（Hackathon）のような起爆剤を導入するケースもある。

　データ分析と活用の可能性を追求する当社においてもこれらと似た活動を実践している。

一例としてモータースポーツにおけるデータ分析がある。詳しくは別の機会に譲るが、当社では、車両の性能はもとより、ラップタイムやコース特性など、カーレースの命運を左右する要素をもとにＩＴツールを用いて多角的に解析することで、１００分の１秒で勝敗がつくレース戦略を支援してきた。さらに多くのデータとインサイトを蓄積するとともに、データ活用の視点からモータースポーツにおけるＡＩ活用の研究も続けている。このような挑戦が、企業や社会のデータ活用、ひいては変革の糧となると考えているからである。

データ活用を阻む「データありきの分析」のワナ

先に述べた通り、データ分析と活用の目的は知見とインサイトを導き出し、迅速かつ的確な経営を実現することにある。そのためには、自社内の課題を浮き彫りにし、それを解決するプロセスが必須となる。

これらの鍵を握っているのが「データ収集」である。３つ目に指摘した「データそのものに問題がある」こと自体、分析も活用も成り立たない。それだけに、データ収集のしくみはその分析と活用における重要なプロセスの一つであり、「データドリブン経営」に向けての基盤と位置づけることができる。

図1-2　アナリティクス・ライフサイクル

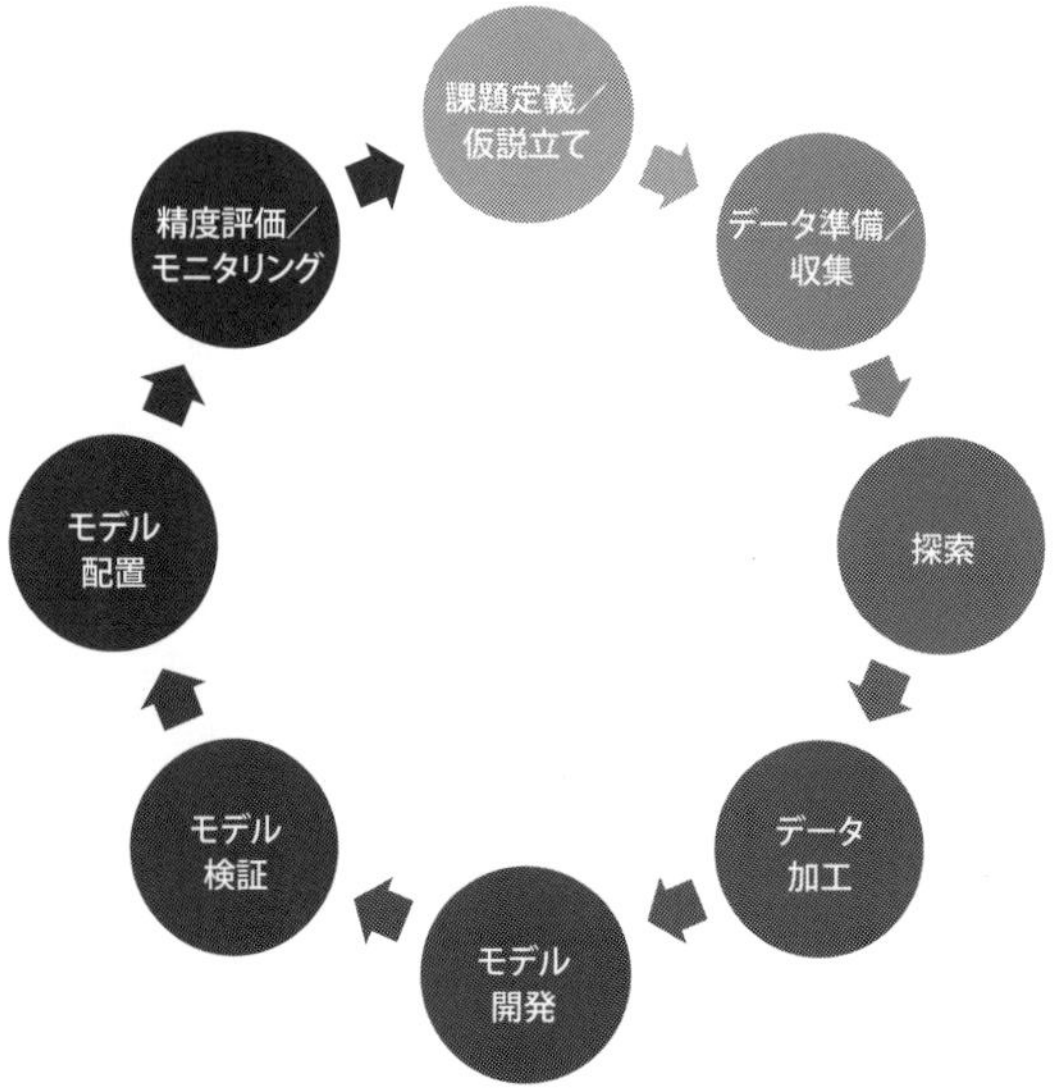

図1-2は、データ分析と活用を実践する際の一般的な流れである。アナリティクス・ライフサイクルとも呼ばれ、一度限りで終わるのではなく、これをサイクルとして繰り返すことでデータ分析と活用の精度が向上し、スピード経営と競争力強化に直結するといわれている。

また、この精度を高めるためには、このサイクルを踏まえた仮説と検証を行い、そこで顕在化した課題をクリアするためには、あらためてデータ収集に立ち返る必要がある。それは、データそのものの品質・精度の問題に加えて、プラスアルファのデータがなければクリアできないケースが多々あるからだ。

ところが、実際にはデータ収集のフェーズがおざなりにされていることが少なくない。むしろ、集めやすさを重視してデータを収集するケースが多いのではないだろうか。データ分析と活用を目的とするのなら、まずは課題を抽出したうえで、どういったアプローチで分析するのかを決め、必要なデータを特定して、その収集方法を考える、という流れが本筋である。

しかしながら、その流れが逆転してしまっている例がほとんどではないだろうか。基幹システムに蓄積されているデータありきで分析が行われていて、自分たちは何を解決すべきなのか、本来の目的が二の次になってしまっている。これではＢＩツールを使って分析したところで、得られるアウトプットはたかが知れている。ほとんど意味のないアウトプットといっても、いいすぎではないだろう。

こうしたことが起きる主な要因として、いわゆる「サイロ化」を指摘することができる。組織が硬直する要因として、よく「縦割り」がクローズアップされるが、実はデータもまた、組織に準じて「縦割り」となっているのである。

その背景には、システムや業務プロセスを含めて、多くの企業においてそれぞれの部署が自己完結して孤立している状況がある。つまり、販売部門は販売データ、生産部門は生産データ、購買部門は購買データのことしか把握できておらず、自部門が扱っているデータ以外にどのようなデータが蓄積されているのかさえ、情報として共有されていないのだ。

こうした状態では、いくらＥＲＰなどでシステム統合を図っても、たいして意味はない。組織に起因するだけにデータの「縦割り」については解消は容易ではないが、データ分析と活用によって「データドリブン経営」をめざすのであれば、避けては通れない道である。組織変革の重要性が問われている中、経営者の方々には、このこともあわせて認識していただきたい。

真実その2

ＢＩツールだけでデータ分析はできない

大手企業を中心として、いまや多くの企業がＢＩツールを導入している。各ベンダーが多様なＢＩツールを提供する中、複数のＢＩツールを採用する企業もめずらしくはなく、かつて筆者が支援した企業では、同じようなＢＩツールを7製品導入していた例もあった。

数多く導入すればよいわけではないのはいうまでもないが、問題なのはそれらの企業がＢＩツールを継続的に活用していないことである。なぜ、ＢＩツールは継続的に使われないのだろうか。

その理由は、ＢＩツールの本質的な利用方法を理解していないからである。誤解を恐れずにいうと、ＢＩツールは「データ分析ツール」ではなく、「可視化のためのツール」である。ＢＩツールは、何らかの分析によって得られた結果データをビジュアライズ機能によってわかりやすく表現しているにすぎず、そもそもの「分析」はＢＩツールの手前で実施しておく必要がある。ＢＩツールでできることは、せいぜいドリルダウンやドリルスルーに代表される深掘り分析のみで、加えてそうした深掘り分析を行う際にも必要となる詳細データや構造を事前に用意しておく必要がある。

また、一般的なＢＩツールはＡＩや統計解析の機能をもたないため、それらの機能を利用した分析についても事前に外部で行い、結果データのみをＢＩツールに取り込んでチャートやグラフで表現することとなる。昨今のＢＩツールにはＡＩや統計解析の機能を付加した製品も存在するが、それはあくまでもおまけであり、本来の機能とは呼べないであろう。

なぜ、このような誤解が生じるのであろうか。おそらくその原因はＢＩツールを提供するベンダーとユーザーの双方にある。両者の間には齟齬や乖離も生まれており、その溝はなかなか埋まらない。そこで、その溝を解消するためにも、当社ではデータ分析と活用の本来の価値を正しく提供していかなければならないと考えている。

BIツールの活用は適切なベンダー選択から始まる

まずベンダー側の問題だが、データ分析のエキスパートとされるＢＩベンダーは、その入り口からどのような出口へ顧客企業を導こうとしているのか。多くはＢＩツールの機能に執着し、しくみを提供するだけである。

たしかにＢＩツールの機能を駆使すれば、アウトプットが容易になり、表現力豊かなビジュアライズもできるだろう。ただし、アウトプットの精度を高めるには、インプットされるデータの「確からしさ（正確性）」に細心の注意を払う必要がある。ＢＩベンダーには、インプット領域においても十分な知見とノウハウが求められるが、そうした期待に応えているかどうか、甚だ心許ないといわざるを得ない。あくまで、既存のインプット環境からできる範囲でアウトプットを図るという域を超えていないケースがほとんどである。

これでは、経営のためのデータ分析と活用の実践は難しい。本当の意味で経営に役立つデータ分析と活用を推進するならば、企業はインプットとアウトプットの整合性を担保し、その可能性を最大限に引き出せるエキスパート集団をパートナーに選択する必要がある。

実は、当社が見出そうとしている価値もそこにある。当社では、設立以来、ＥＲＰをはじめとする基幹システムに関する豊富な経験・知見を踏まえて、インプット環境の整備とデータ活用に特化したＢＩ、ＡＩといったインテリジェンス領域の実践力を磨いてきた。データ分析と活用のあるべき姿を真摯に追求する企業として、「データドリブン経営」の推進・加速に寄与することをめざしている。

社内に複数のBIツールが混在する理由

一方、ユーザー側の問題としては、情報システム部門が十分な役割を果たし切れていないことが挙げられる。前述したような7種類ものＢＩツールを導入した企業は極端なケースだが、企業が複数のＢＩツールを導入するのは、データ活用が現場の「カイゼン」をきっかけとして行われるケースが多いからだろう。課題を解決するために「こういう分析をしたい」という声が、現場からあがるのだ。そうした声が販売部門や生産部門、財務部門など、企業のあらゆる現場の改善活動から起きている。

たとえば、営業部門から「こういう角度から販売分析をしてみたい」といった要望があがった場合、相談する相手は情報システム部門となる。それを受けて、情報システム部門が最初に行うことは、ツールの選定である。営業部門から要望された分析に適したツールをいくつかピックアップして検証し、やがてプロジェクトが立ち上がる。

ところが、ＢＩツールの導入を現場で担うのは、主として外注のＳＩベンダー、もしくは、情報システム子会社なのである。情報システム部門の関与が薄いため、ＢＩツールの機能を熟知したエキスパートが社内に育たないのだ。結果として、ＢＩツールを運用して継続的にデータ活用に取り組む中で、本来、行われるはずの改善や拡張が行われなくなってしまう。表面上、導入プロジェクトの予算や納期が計画の範囲内に収まっていれば、そうした課題は見すごされて、プロジェクトは「無事に」解散してしまうだろう。

実は、その責任の一端は経営者にもある。先に述べた縦割り組織の弊害である。データ分析と活用という言葉がメディアを賑わせていることもあって、現業部門からの要請は顕著に増加している。情報システム部門は、その要望に応えるため、次から次へとプロジェクトを立ち上げなければならず、多忙をきわめている。ところが、それらの多くはプロジェクト単位で完結してしまっており、全社的な一貫性や整合性を確保することができないのである。その傾向は、とくに大企業において顕著である。

中小企業であれば、自社にとって高価なＢＩツールを導入した場合、その多くは「もとを取ろう」として活用しようと努力するだろう。一方、「縦割り組織」で編成されている大企業では、たとえば生産部門でＢＩツールを導入することになれば、そのライセンス費用は生産部門の予算から捻出される。そうなると、そのしくみを購買部門や営業部門が自由に利用するわけにもいかないため、結果として生産部門が独占することになる。

そうしたことが企業内で繰り返されるうち、ＢＩツールが雑然と導入され、コントロール不能な状況が生まれていく。こうした環境ではデータ分析と活用が浸透しないばかりか、データ活用のエキスパートも育たないだろう。

「縦割り」の弊害を防ぐ部門横断的なアプローチ

そもそも、ＢＩツールは職種を問わず、どの部門の分析にも対応できるよう設計されている。購買部門であれ、販売部門であれ、生産部門であっても、専門知識を求められることもなく手軽に分析を行うことができ、現場の改善・改革に寄与すると期待されている。それだけでなく、もちろん経営の舵取りや意思決定に必要なさまざまなデータの分析にも活用できるはずである。

ところが、導入の際にいったん用途が限定されてしまうと、それ以外の用途に使われないケースが少なくない。販売分析のために導入したＢＩツールは、それ以降も販売分析のためにしか使われないのである。経営に役立てるというデータ活用の本来の目的を考えても、こういった「縦割り」の弊害は重要な課題といえる。

情報システム部門と現場との密な連携にとどまらず、部門横断的なアプローチでデータ活用を推進していけば、より経営に直結した成果が得られると断言する。

そこでは、情報システム部門と現業部門に加えて、経営企画部門をはじめとするバックオフィス部門との連携が鍵を握る。現場がデータ分析のテーマを示し、ＩＴ部門が手段やツールを提供するという関係を断ち切って、テーマ設定から必要なデータの選定、分析手法、分析結果の解釈と判断、結果を踏まえたアクションの立案までを部門横断的に議論することが可能になるからだ。そのことがデータ分析と活用という文化を醸成し、経営への参画意識を全社的に根づかせることにもつながるだろう。

もちろん、このような体制を築くには経営トップの強いリーダーシップが必要となる。データ分析と活用を成功させ、真の「データドリブン経営」に取り組むためには、経営者自身がテクノロジーへの理解を示し、権限の管理と移譲のバランスを踏まえたガバナンスのもとに推進していく決意と覚悟が求められる。

真実 その3

分析に最も適したＩＴツールはＥｘｃｅｌである

ＩＴツールを利用したデータ分析の全社的な機運が生まれたのは、間違いなく表計算ソフト「Ｅｘｃｅｌ（Microsoft Excel）」の登場によるものである。最も一般化されたのは、１９９０年代のＷｉｎｄｏｗｓ95やＷｉｎｄｏｗｓ ＮＴが発表されたころで、パソコンが一人ひとりに配布され、社内ＬＡＮにより各々のパソコン同士がネットワークにつながり、データ自体をディレクトリで共有できるようになった。

その時期より、Ｅｘｃｅｌを使用した業務レポート作成は当たり前となり、それは現在でも脈々と受け継がれている。いまでは、企業内でＥｘｃｅｌなしでの業務遂行はもはや不可能といっても過言ではない。また、日本企業における競争力の源泉は、コストや効率、生産性、品質などをきめ細かくチェックし、追求し続けてきたことにあるが、その裏で主役として多用されたのが、まさしくＥｘｃｅｌなのである。

Ｅｘｃｅｌは、常々バージョンアップを繰り返し、使い勝手をよくしてきた。しかしながら、その核心である表計算機能は30年前には完成している。その意味からもＥｘｃｅｌは、すでに完成されたＩＴツールといえるだろう。

Ｅｘｃｅｌが業務遂行に欠かせない要因とは

なぜＥｘｃｅｌは、そこまで圧倒的な支持を得られたのであろうか。その理由は以下の3点と考えている。

・コスト面で安価であること
・表計算だけでなく文字入力や画像添付が自由にできること
・とりまわしや融通性がよいこと

これに対して昨今のＢＩツールは、この3点においてＥｘｃｅｌにまったくかなわない状況が現在も続いている。ＢＩツールの導入には、その高価なライセンス費用が重い負担となることに加え、手前に配置するデータウェアハウス（ＤＷＨ）やデータを収集するインターフェースのしくみについても大がかりなものになることが多い。その点、ＥｘｃｅｌはMicrosoft Officeのライセンスのみで済むため非常に安価に利用することができる。

また、ＢＩツールは、データの集計、表やグラフといったビジュアライゼーションなどが得意である反面、データの入力、とくに文字の入力は不得意とされる。業務レポートには必ずその業績のサマリや問題への対応状況がコメントとして記載されていることが常であるが、ＢＩツール上のレポートでは、そのような記録が難しいために、いまでも業務レポートではＥｘｃｅｌに頼らざるを得ない。

３つ目のとりまわしや融通性のよさは、Ｅｘｃｅｌの長所でもあり、短所でもある。ファイルという形式で簡単に複製でき、さまざまな方法で共有、拡散させることが可能なことはＥｘｃｅｌならではの長所だ。ただしその結果、似たようなファイルが大量につくられ、サーバーやパソコンのリソースを圧迫してしまう。またとりまわしがよいがゆえに社外への情報流出も起こりやすいため、セキュリティ面で非常に脆弱なものになってしまう可能性もある。

融通性がよいということは、ちょっとした修正が簡単に行えることを意味する。データに存在する欠損やイレギュラーを補填するため、簡単に修正を行える融通性はＥｘｃｅｌの最大のメリットといえるだろう。

ただし、こちらの長所も短所と表裏一体である。簡単に修正できるということは、簡単に改ざんできるという側面もあわせもつことを忘れてはならない。担当者の恣意的な数字の操作によって正しい報告がされないなど、意思決定者が誤った判断を下してしまう懸念がある。

ＢＩツールを導入してみたものの、現実にはＥｘｃｅｌによる業務レポートをつくるためにＢＩツール自体がデータのダウンロードツールになってしまっている企業も少なくないのではないだろうか。現実を知るためにも、あらためて自社の使い方を見直してほしい。

必要なのはＥｘｃｅｌとＢＩツールの適切な役割分担

ここまでＥｘｃｅｌをあたかも万能ツールのようにもち上げてみたが、Ｅｘｃｅｌにも欠点は存在する。それは以下の３点である。

・大量データの集計に不向きであること
・情報拡散が簡単にできてしまうこと
・属人化してしまうこと

企業で作成されている業務レポートを拝見すると、基幹システムからデータをダウンロードしてＥｘｃｅｌのピボットテーブルで集計を行っているのをよく見かけるが、基幹システムのデータは、膨大なデータであるためファイルサイズが巨大になりがちである。そのためファイルを開くだけでも苦労された方は多いと思われる。これはＥｘｃｅｌの無理な使い方の典型例といえるだろう。

さらに、そのＥｘｃｅｌファイル自体には明細データを含んでおり、たとえ集計結果を算出したとしても、容易にそれを共有してしまうと、実は、明細情報まで含めた機密情報を漏らしたことになる。万が一そのファイルが外部に流出すれば、それこそ大変なセキュリティ事故を引き起こすこととなるであろう。

次に属人化について記述する。Ｅｘｃｅｌでレポートを作成する際には、複雑な集計やマクロを用いて自動化する場合がある。これらは「Ｅｘｃｅｌ職人」ともいえる人材にすべてを依存することが多いが、そのしくみ自体がブラックボックス化してしまい、その職人がいなくなると、引き継ぎさえ容易ではなくなっているのが実情なのである。

Ｅｘｃｅｌは高度に利用すればするほど、デバッグ（不具合を修正すること）が難しいといわれている。複雑な関数が挿入されている際にエラーが起きた場合、その原因を探るのに多くの時間を費やし、その対処には高度なスキルを要する。自分で作成したものであればまだしも、作成者が他の部署に異動したり、退職したりしたことにともない改修不能に陥るなど、Ｅｘｃｅｌ依存による属人化の問題は避けて通れなくなっている。

多くのＢＩツールは、このような欠点をある程度回避できるようにあらかじめ設計されている。むしろ、こういった「大量データ集計」「権限コントロール」「脱属人化」をセールスポイントにするＢＩベンダーも少なくない。

Ｅｘｃｅｌはよい点もあれば欠点も存在するが、ＢＩツールにも同様に存在する。ＢＩツールをうまく活用し、Ｅｘｃｅｌの欠点を補うことで、両者を否定することなく共存することがこれからの最適解といえるだろう。まさにツールも「餅は餅屋」である。

真実
その4

ＥＲＰに蓄積されたデータのみの分析はあまり意味がない

先に述べたように、企業の業務が基幹システムを中心に回っていることは周知の通りである。そして、現在の基幹システムの多くは、ＥＲＰに代表されるように「統合型」が志向されている。ここでいう「統合」とは、経営の基本となる資源要素（ヒト・モノ・カネ・情報）を共通のしくみの中に集約して管理することである。ＥＲＰとは「Enterprise Resources Planning（企業資源計画）」であり、本来、企業資源を適切に分配し、有効活用するための計画を策定するためのツールである。

ところが、実際にはＥＲＰは「統合基幹業務システム」と呼ばれることも多く、企業活動をより合理的に進めていこうとする機運の中で、日本においても基幹システム統合のコンセプトを踏まえて広く普及した。

置き去りにされる「企業資源計画」というＥＲＰの本質

もちろん、ＥＲＰが登場する以前から、コンピュータは企業の基幹業務を支えてきたが、それは乱離拡散といってもいいような状況だった。

企業が業務にコンピュータを使い始めた１９６０年代は「商用メインフレーム」と呼ばれた大型コンピュータが主流であった。この基盤をベースに、ＳＩベンダーが独自技術によってソフトウェアを構築する手法が広まり、そこで構築されたシステムが企業の基幹業務を支えてきた。また、１９７０年代後半になると大型コンピュータシステムの課題だった運用と管理を容易にし、より低コストである「オフコン（オフィスコンピュータ）」と呼ばれた中小型コンピュータが全盛期を迎え、中小企業にも広く普及した。

オフコンを導入した多くのケースでは、負荷が高い業務から導入が進み、部門や業務内容ごとに異なる設計でシステムを構築した。その結果、システム間のデータ連携やデータの整合性を維持することが困難な状態となり、各業務で共通して利用するマスターの整合性がとられず、各業務のデータが揃うまでに時間を費やすなど、企業全体の業績を把握しづらいという問題が生じていた。

そこで登場したのが、製造業の生産計画手法である「ＭＲＰ（Material Resource Planning）」を発展させ、財務会計や販売管理、購買・在庫管理、生産管理といった企業の基幹業務全体をシステム化の対象とする考え方で開発されたＥＲＰである。

ドイツで世界初の商用ＥＲＰが誕生したのは１９７３年だが、日本企業での導入が活発化したのは１９９０年代に入ってからである。その後、企業目標の達成に向けては企業活動や組織構造、業務フローを再構築する必要があるとする「ＢＰＲ（Business Process Re-engineering）」という考え方が一世を風靡し、いわゆる２０００年問題をきっかけに、その解決策の一環としてＥＲＰの導入に踏み切ったケースも多い。

しかし、日本企業のＥＲＰ導入は世界に類を見ない独特のものだった。従来のスクラッチ型でできていたサービスレベルをパッケージであるＥＲＰで再現したいばかりに、膨大なコストと期間を費やして、非常に多くのカスタマイズ（アドオン）プログラムの追加開発に注力したのである。その結果、ＥＲＰの原形をとどめないような「アドオンプログラムのお化け」も生まれるようになった。

世界初のＥＲＰから50年の歳月を経て、ＥＲＰは大きく進化した。標準機能も洗練され、最近では自社の業務をＥＲＰの標準機能に合わせていくべきだという常識が定着しつつあるものの、一部にはまだこうした発想についていけない企業も残っている。

事実、２０１８年９月に経済産業省が発表した「ＤＸレポート～ＩＴシステム『２０２５年の崖』の克服とＤＸの本格的な展開～」では、レガシーシステムが足かせとなって日本企業の成長を鈍化させているとの危惧を指摘している。

２０１７年度の同レポートで定義されているレガシーシステムは次の通りだ。

「技術面の老朽化、システムの肥大化・複雑化、ブラックボックス化等の問題があり、その結果として経営・事業戦略上の足かせ、高コスト構造の原因となっているシステム」。

思い当たる節もあるのではないだろうか。この定義をもとにＪＵＡＳ（一般社団法人 日本情報システム・ユーザー協会）が実施したアンケート調査では、約８割の企業が「レガシーシステムを抱えている」と答えており、約７割が「レガシーシステムが自社のデジタル化の足かせになっている」と認識している。

企業現場で頻発する「手段の目的化」

いうまでもなく、データ分析と活用を実践するためには、システム間のデータ連携やデータの整合性が担保されていることが前提条件となる。それだけに、分散している基幹業務システムを統合することがファーストステップとなる。現実問題として、そこにうってつけなのは、やはり統合データベースにより企業データを一元管理できるＥＲＰになるといっても過言ではない。

ところが、当社に依頼されるケースで最も多いのは「ＥＲＰを刷新するので、あわせてＢＩツールも導入したい」という要望だ。このパターンが、ほぼ半分を占めている。

これは、ＥＲＰを導入・刷新すれば、そこに一元的にデータが蓄積されるから、それを活用するためにはＢＩツール等のデータ活用基盤が必要になる、という考え方にもとづいている。これこそ、まさに「手段の目的化」である。実際にデータ分析と活用に携わるエンドユーザーの意思や意向が、まったく介在していないからだ。

一方、エンドユーザー側は新規導入するＥＲＰがどのようなものなのかをまったく聞かされていない。当然、中身を知らなければ、「どんな分析がしたいか」はもちろんのこと、課題すら出てこない。これが、企業におけるデータ分析と活用の実態である。

とはいえ、まったく救いがないわけではない。当社が担当している企業の中には、ＥＲＰの導入・刷新がカットオーバーして、ようやく本格的に稼働し始めた段階の会社も少なくない。その場合、半年も経てば、エンドユーザーもＥＲＰに蓄積されているデータがどのようなものかを理解し始める。そのタイミングになって初めて、当社が一緒に入って「このような分析をしてみましょう」「この課題を解決してみましょう」といった議論が成立するようになる。

このように、ようやくデータ分析と活用の一歩を踏み出せた企業もまた、実は前述したような「手段の目的化」に陥っていたのである。しかしながら、ＥＲＰを導入する前から、漠然とではあっても、データ分析と活用に対する意欲は潜在していたわけである。

ただし、その意欲を顕在化させるには、ＥＲＰとデータに対する理解を深めることが先決である。このような事例から学ぶべきは、「手段の目的化」を避けることはもちろんのこと、ＩＴシステムとデータの関係性を十分に紐づけて考えなければ、データ分析と活用の実践にはつながらないということである。

手つかずの状態にあるSoEとSoI

では、すでにＥＲＰが構築され、そこにデータが蓄積されていれば、データ分析と活用さえすれば課題が解決され、知見とインサイトを得られるのだろうか。おそらく、そう簡単ではないだろう。ＥＲＰに蓄積されるデータには、限りがあるからだ。

周知の通り、ＥＲＰは基幹業務の周辺を統合したしくみで、そこに実装されている機能は「業務領域」と「システム管理」に大別される。

このうち、業務領域においては財務会計、販売管理、購買・在庫管理、生産管理、人事・給与管理、プロジェクト管理といった日頃の企業活動のベースとなる機能が標準装備されている。別のいい方をすれば、財務諸表などの作成を踏まえた「経営に資するデータ」が網羅されている。詳細は後述するが、ＥＲＰは従来のＩＴが追求し続けてきた「ＳｏＲ（System of Records）」にもとづいた「記録」に着眼したしくみの集大成なのである。

一方、従来型の「ＳｏＲ」に対して、最近のＩＴの潮流は「ＳｏＥ（System of Engagement）」や「ＳｏＩ（System of Insight）」に注目が集まりつつある。いずれも、システムを設計する際の考え方だが、「ＳｏＥ」は顧客をはじめとするステークホルダーとの「つながり」に着眼したシステムであり、「ＳｏＩ」は顧客ニーズや購買に至るプロセスなどに関する「洞察（インサイト）」を見出すためのシステムだ。両者に共通するのは、蓄積されたデータの分析を起点としていることである。

しかしながら、日本企業の多くは、本格的なＳｏＥやＳｏＩについては、ほとんど手つかずの状態だ。ＳｏＥの領域ではＣＲＭ（Customer Relationship Management）やＳＦＡ（Sales Force Automation）、ＭＡ（Marketing Automation）をはじめ、電子メール、ＳＮＳ、グループウェアなど、情報系システムと呼ばれるしくみが導入されているものの、従来型のＳｏＲとは運用も大きく異なる。そのため、顧客の行動変容に象徴されるような常に変化する状況に対して、一度定義したデータ構造を動的に対応させる段階には至っておらず、「確からしさ（正確性）」に立脚したデータ収集は困難をきわめている。

一方、ＳｏＩの領域では、まさしくデータ分析と活用を基軸としたデータ分析環境が必須となるが、これも決め手がないまま手探りをしている状況だ。

いずれにしても、ＳｏＲ、ＳｏＥ、ＳｏＩが三位一体となってこそ、ようやくデータ分析と活用の環境が整うのである。そして、その環境整備に寄与することこそが、データの蓄積から分析と活用までに精通して、一貫して支援できる当社の役割だと考えている。

真実
その5

ＥＲＰの導入だけでは、グループ経営は可視化できない

現在、日本経済は長期にわたって停滞しているといわれるが、その一因は変動相場制に移行した１９７０年代に「Japan as No.1」といわれるまでになった成功体験から抜け出せずにいることではないだろうか。当時も「グローバル社会」はすでにキーワードになりつつあったが、この時期からバブル経済が崩壊する１９９０年代初頭までのグローバル経済は、主

要国間での取引が大半を占めていた。それが、中国をはじめとする新興国の台頭によって「世界中で経済が連動する」時代へとシフトしていった。

そうした流れの中で、日本企業も製造業を中心として、人件費の安い海外に製造・販売拠点を移していった。いまになって国内産業の衰退を招いたと問題視されている「産業の空洞化」だが、とくに１９８０年代には、中国や東南アジアにこぞって子会社を設立したものである。日本経済の減速が続いている理由はこればかりではないが、海外拠点を設立する際、世界市場に活路を求める戦略に欠けていたことも要因の一つだろう。そのことは、海外子会社における基幹システムの現状からも垣間見ることができる。

そもそも、法制度や文化、風土などが異なる海外子会社とのシステム連携には、常に困難がともなう。グローバルな連結経営を実現するためには、グループ全体で業務や財務数値を「見える化」し、経営やプロジェクト状況を把握することが不可欠となるからだ。

ところが、多くの場合、海外子会社の基幹システムは、規模に応じてコンパクトかつシンプルなつくりとなっており、その観点から、パッケージであるＥＲＰを用いる企業も増えている。コストとリスクに鑑みれば、そこまでは許容範囲だ。問題は、グローバルでトップシェアを誇るような日本の大企業でさえ、海外子会社の経営状況を正しく把握できておらず、適切なガバナンスが行き届いていないケースが少なくないということだ。

その背景にあるのが、本社システムと子会社システムとの乖離である。この課題を解決するためには、日本からの出向者に一任するのではなく、経営者自らが、連結経営管理のためのしくみを牽引することが重要となる。

ERPは連結管理を行うようにはできていない!?

多くの企業がバラバラに構築された基幹システムやグループ会社のシステム統合を目的として、ＥＲＰの導入に踏み切っている。ＥＲＰを導入すれば、さまざまなＩＴベンダーが喧伝しているような「効果的なグループ経営管理の実現」といったバラ色の将来を誰もが想像する。しかしながら導入してみたものの、想定した効果を享受できていないのが現状ではないだろうか。

実はＥＲＰとは、企業単体の中にあるさまざまな業務を統合するためのしくみであり、複数会社をまたいだ業務を統合するようにはできていないのである。そのため、グループ内における取引のトレースや、製品別の連結原価の計算、移転価格税制への対応といった連結経営に必須であろう業務にまったく対応できないのである。多くの経営者が自社の製品がどの程度利益を出しているのか把握したいと考えているにもかかわらず、グループ企業を通した原価の算出ができないため、グループ内での製品別利益の把握すらできていないのが現状である。

　連結管理を行うためのしくみとして、連結決算システムが存在するが、これはあくまでも制度連結と呼ばれる四半期に一度の法対応のためのしくみにすぎない。グループ経営管理を行うための材料の一つとなり得るものの、実施が四半期に一回と実施タイミングが少なすぎるうえに、損益を算出する粒度はグループ全社や、せいぜいセグメント別といった大枠であり、製品別といった細かな粒度に対応できない。いわゆる管理連結に対応できるしくみにはなっていないのである。また、その連結決算システムですらＥＲＰとは別のシステムであり、ＥＲＰの会計モジュールでは連結決算業務を行えるようにはできていない点も知るべきである。

　では、グループ経営管理を行うためには、どのようにすべきなのであろうか。大前提として、システムがバラバラでは効率的な経営管理ができないのは自明であるため、ＥＲＰを導入することで一定の効果は享受できる。しかし、ＥＲＰ内に格納されているデータは会社単位で管理されており、たとえグループ全社にＥＲＰを導入してデータが一つのシステムに統合されたとしても、そのデータをグループ全体に横串を刺して分析するようにはできていない。そのため、グループ内のデータを分析するためには、ＥＲＰとは別に情報基盤となるデータウェアハウス（ＤＷＨ）の導入が必須といえる。

もちろん、データを情報基盤に格納したからといって、グループ経営管理が実現できるわけではなく、まだまだ情報は不足している。実現のためにはさまざまな課題が存在しており、逆にいえば、それらの課題をすべて解決して初めてグループ経営管理は成し得ることができるのだ。

ポイントは「一元化」と「標準化」

そこで、ここではとくにデータ分析と活用の観点から、連結経営におけるマネジメントの課題を考えてみる。基本的には、次の４点が挙げられる。

①コード体系の統一

本社と子会社とでコード体系が統一されていないと、子会社からデータを収集しても、本社ではそのまま使用することができず、正確な数値を把握できない。そして当然ながら、データ分析と活用を行ったとしても、高い精度のアウトプットは期待できない。コード体系の統一は、まさにデータ分析の大前提なのだ。

技術的には、子会社の個別コード体系と共通コード体系のマッピングによりコード変換を行い、データを集計することは可能である。しかしその場合、変換プログラムの開発やその後のマスター管理についても膨大なコストを費やすことになる。

したがって本質的には、グループ全体で製品や取引先のコード体系を統一し、管理していくことが合理的といえる。

②計上ルールの統一

効率的な連結経営を行うためには、関係会社間の取引におけるルールを統一する必要がある。たとえば、製品の製造原価は企業の収益を左右する重要な要素だが、その計算は複雑で難しい。流体を原材料とするプロセス製造か、固体を原材料や部品とするディスクリート製造かといった製造方法の違いによっても考え方が変わるうえ、発生主義と実現主義のいずれを採用するかによっても、その結果は大きく異なるからだ。

加えて、生産のためには荷受けから在庫、原材料投入、製造、出荷まで、まさに多様なプロセスがあり、それぞれコストが生じている。原価計算のルールはもとより、売上計上や検収基準、積送中を含めた各種在庫責任の明確化など、収集する実績データが統一されたルールのもとで算出された数字でなければ、データ分析と活用を実践しても、比較可能性が確保されず、経営の「見える化」に結びつけることはできなくなる。

③データの一元管理・リアルタイム性

海外子会社を含めて、グローバルに統一したシステムを導入し、物理的に一つのデータベースで一元管理できれば、連結経営を踏まえたデータ分析と活用は、より有用となる。しかし、現実にはシステム統合の過渡期や各国ローカル要件への対応などから、異なるシステムを使わざるを得ないケースが生じている。

その際に重要な役割を果たすのが、前述した情報基盤の構築である。十分な配慮のもとにこれを構築できれば、システム統合が不完全であっても、時差がある各国の情報をリアルタイムで収集し、グローバルでの需要や在庫の状況、各生産拠点の進捗状況などを、セグメント別に把握することが可能になる。最近では、ＤＲ（Disaster Recovery：災害復旧）の観点に配慮したうえで、これをクラウド上に実装するという機運も高まっている。

④業務標準化の推進

先にも、自社業務を「ＥＲＰの標準機能に合わせる」ことの有用性について軽く触れたが、これは海外子会社においても同様である。データ分析と活用を推進するには、インプットデータの信頼性が担保されなければならないからだ。

一般的に海外子会社のデータ精度は低いといわれているが、その理由として指摘されるのが、ローカルスタッフのスキルやローカルシステムの問題に起因する二重入力、業務運用の属人化などの問題である。ＥＲＰの標準機能に業務を合わせることで、これらの問題はほぼ解消できるはずだ。それでも不安を感じるならば、バーコードやタブレット、ウェアラブルデバイスなどで入力を簡素化し、精度と作業効率を向上させるのも一案だろう。

第2章

「データ分析と活用」のボトルネックを探る

——不都合な真実はなぜ生まれたのか

データ分析と活用のこれまでの歴史

システムに蓄積されたデータを抽出・分析・加工して、経営に活かしたいという誘惑は、すでにコンピュータがビジネスツールとして定着した時点で始まっていた。１９７０年代の汎用コンピュータの時代にはＤＳＳ（Decision Support System：意思決定支援システム）やＭＩＳ（Management Information System：経営情報システム）という概念が生まれ、オフコン（オフィスコンピュータ）の全盛期となる１９８０年代に入るとＳＩＳ（Strategic uses of Information System：戦略情報システム）がトレンドワードになる。

いずれも「経験や勘から脱却して、データに根ざした確実な経営戦略を立案したい」との思いに立脚しており、概念としては現在のデータドリブン経営と大差はない。

ただし、当時、その概念を実装する技術が成熟していなかった。システムを構成するハードウェアのパフォーマンス不足により、データの抽出・加工に時間を要するため、現実性に欠けていたのである。同時に、ＢＩツールと呼ばれるデータ分析システムも概念が先行で洗練されておらず、専門家でさえ使いこなすのは難しかった。

ちなみに、ＢＩ（Business Intelligence）というアプローチは、１９８９年にアメリカのアナリストであるHoward Dresner氏が提唱したといわれている。Dresner氏はＢＩを、事実をもとにした支援システムを使用してビジネスの意思決定を改善するための概念と方法、と定義し、専門家でなくてもデータを活用して意思決定の質を高めることができるしくみとした。その言葉の裏づけに技術の進歩があったことは事実である。１９８０年代後半に登場したＰＣ（パソコン）やＵＮＩＸマシンにより、ハードウェアのダウンサイジング、ベンダー固有ではないオープン標準を基軸としたオープンシステムが可能となり、加えてネットワークの高速・大容量化がそれに拍車をかけたからである。

１９９０年代に入ると、日本はバブル経済の崩壊にともなう平成不況に襲われ、そこからの脱却を目的に、多くの日本企業が経営の立て直しに取り組んでいた。その際に注目されたキーワードが、ＢＰＲ（Business Process Re-engineering）である。

ＢＰＲは、元マサチューセッツ工科大学教授のMichael Hammer氏と経営コンサルタントのJames Champy氏が１９９３年に出版した『Reengineering the Corporation: A Manifesto for Business Revolution』（邦題『リエンジニアリング革命――企業を根本から変える業務革新』野中郁次郎監訳　日本経済新聞出版）が火つけ役となって世界的に広まった概念で、企業目標の達成に向けて、企業活動や組織構造、業務フローを根本的に再構築することを意味する。

１９７０年代の石油ショックを背景に、デフレ効果と引き締め政策の影響で１９８０年代に入ると長期低迷していたアメリカ産業界は、１９９０年代に急速に回復した。それは、ＢＰＲによる経営革新を実践したことによるといわれている。

バブルの崩壊、平成不況にあえいでいた日本企業が、このＢＰＲに飛びついたのはいうまでもない。この時期に並行してＥＲＰパッケージが普及していった。このパッケージは２０００年問題の解決方法の一つとして導入されていたが、先のＢＰＲと無縁ではない。ＳＣＭ（Supply Chain Management）を社内から企業間へ発展させるとするＢＰＲの概念を実現するためには基幹システムの統合が不可欠で、その選択肢としてＥＲＰというツールを選択することが有望だと考えられたからである。

当然ながら、ツールを刷新するだけではＢＰＲは机上の空論で終わってしまう。客観性と再現性を踏まえたエンジニアリングの視点があってこそ、Re-engineeringは可能となる。そのポイントが、データへの着眼であった。そこで、あらためて注目を集めたのが、ＤＯＡ（Data Oriented Approach）という、取り扱うデータを中心に分析や設計を行う方法論である。

ＤＯＡは１９７０年代終盤から提唱されていたものの、これまでは「入力・加工・出力」を含めたデータ処理のパフォーマンスなどに主眼が置かれていた。そのため、データはシステムを構成する処理と処理の間を通過していく、いわば「処理」の附属的な存在と位置づけられ、ＤＯＡはなかなか実践へと結びつかずにいたが、アメリカなどではＢＰＲの合言葉のもとに一気に開花し、成果へと結びついていった。

ところが、日本企業の多くはこのエンジニアリングの変化に立ち遅れた。従来の「処理」中心のアプローチはＰＯＡ（Process Oriented Approach）と呼ばれるが、ＢＰＲにおいても業務プロセスの「処理と機能」に執着するあまり、データに着眼する重要性に気づかず、ＤＯＡ起点へと移行できなかったからである。その結果、先述した通り、ＥＲＰの導入にあたってスクラッチ開発されたシステムのサービスレベルを堅持することに注力し、「ＥＲＰのお化け」ともいうべきカスタマイズに走ってしまったのだ。Re-engineeringに注目したアメリカに対して、日本はProcessのほうを重視したのである。

以上のように、企業のデータ分析と活用への渇望は、１９６０年代に大量処理を目的として大型コンピュータを導入した「ＤＰ（Data Processing）」の時代に始まる。

やがて、ダウンサイジング化・コストダウン化にともない企業のコンピュータ活用が普及・定着したが、ソフトウェアが著しく進歩した１９８０年代の「ＤＰからＩＴ（Information Technology）へのパラダイムシフト」を経て、「ＤＸ（Digital Transformation）」が叫ばれる現在もなお、試行錯誤が続いている。

では、実情はどうなのか。企業の視線がデータに集まっていることは間違いない。しかし、

第1章で取り上げたように、データドリブン経営に向けて、いまなお「不都合な真実」が蔓延していることも確かである。そこで、ここでは、その「不都合な真実」が生まれた背景を探っていくことにする。

データ分析と活用におけるユーザー企業の現状

「ビッグデータの時代」といわれる現在、ハードウェアなどのスペックに依存することなく、コンピュータ資源をネットワーク経由でサービスとして利用できるクラウド環境が整備され、センサー技術の進化・多様化にともなうＩｏＴ（Internet of Things：モノのインターネット）、機械学習・画像認識・自然言語処理などの分野で実用化が進むＡＩ（Artificial Intelligence：人工知能）など、データ分析と活用を取り巻く環境は、まさに本格化の様相を呈している。

　ところが、企業の実情はというと、決してそうはなっていない。むしろ、技術の進化と多様化の中で選択肢が広がりすぎて、「何から手をつければいいのか」と悪戦苦闘しているケースがほとんどではないだろうか。

ＢＩツールを導入してはみたものの……

第１章で、大手企業ではすでにほとんどの企業がＢＩツールを導入しているにもかかわらず、導入自体が目的化してしまい、活用には至っていないという実情に触れた。

その理由の一つに、情報システム部門が十分な役割を果たし切れていないことが挙げられる。本来、情報システム部門のミッションは、社内における情報システムの活用や戦略を明確に策定し、経営やエンドユーザーの課題を解決していくことである。当然、そのためにはデータ志向の発想が不可欠となる。

ところが、現実はそうなっておらず、多くは業務プロセス（処理）の安定を目的としたシステムの「お守り（保守・運用）」に終始してしまっているのが現状である。それでは、データ志向の発想に至らないのも致し方ない。

しかも、従業員１０００人以上規模の企業の約４割が情報子会社を有しており、ＩＴの開発・運用業務をアウトソーシングしている。そのため、本社から切り離されたとのリストラ感が生まれ、情報子会社側のモチベーションが一向に上がらないのが現実だ。

一方、本社サイドの情報システム部門には、企画機能が残されているものの、開発・運用機能を情報子会社や外部に移管しているため、ＩＴの推進体制が分断されてしまっている。そのため、ＩＴ戦略を実行しようとしても、本社と情報子会社・協力ベンダーのＩＴ機能に重複や欠如が生じ、なかなか先に進まない。また、「少数精鋭」といえば聞こえはいいが、人的リソースが満たされておらず、そのスキルや経験もバラエティに富んでいるとはいい難い。これでは、迅速かつ継続的なＩＴ戦略の策定すら難しいだろう。

このような「データマネジメント」という明確な役割が規定されていない状況で、情報システム部門にデータ分析と活用の推進を牽引する役割を担わせるのは酷だと考える。情報システム部門が努力してＢＩツールの導入プロジェクトを立ち上げたとしても、現実問題として、その先にある活用フェーズへの着目がなされておらず、人材が枯渇しているからだ。

その結果として、予算稟議が通った後はベンダーや情報子会社に丸投げ状態になってしまい、導入以降が空洞化してしまっている。「ＢＩツールを導入してはみたものの……」となってしまうのは、まさしくそういう理由からである。

意思決定を支援するBIツール。しかし宝のもち腐れに

では、せっかく導入したＢＩツールはその後、どのように使われているのか。おそらく、単なる定型業務の一環としての業務レポート作成ツールになっているのではないか。なかには、そのレベルにさえ達せず、Ｅｘｃｅｌでの分析のためにデータのダウンロードツールとしてしか使われていないケースも散見する。これこそ「宝のもち腐れ」といっても過言ではない。

それだけに、データ活用を推進・加速していくためには、まずは情報システム部門が本来の姿を取り戻し、積極的に推進・支援できる体制を築くことが肝要である。たしかに、自社サーバーやネットワークの構築・運用・保守をコントロールしつつ、セキュリティ対策やデータ保全を担保し、万が一の事態に備えることも情報システム部門の重要な役割であることは間違いない。また、ヘルプデスクとしてエンドユーザーをサポートしていくことも大切である。しかし、その枠にとどまっていたら、経営の課題に応えることはできないだろう。とくに、「デジタル」がキーワードとなるいまの時代は、ビジネスそのものをデジタルシフトすることは必須といえる。

これからの情報システム部門は、常に新技術・製品の導入検討や評価を行い、継続的に社内環境のサービス向上に努め、経営に直結する成果を得るという視点が求められる。つまり、経営・ビジネス環境の変化を自ら察知・洞察し、新たな課題解決手法を提案して、実行・運営していく主体的役割を担う「結果を出す集団」への大転換である。

その意味で、情報システム部門にデータ分析と活用の推進を担わせることは間違いではない。とはいえ、言葉の通り「システム部門」ではあっても、「データ部門」ではない。多くの情報システム部門は、データ活用の経験も知見ももちあわせていないのである。まずは、そこに気づき、情報システム部門を再構築することを提案する。

データマネジメントを担う組織体制の古さが課題

いずれにしても、データ分析と活用の推進には、データに対する正しい知見と、トップダウンのコミットメントにもとづくデータマネジメントを担う組織が必要になる。最近ではトレンドに合わせて「DX推進部門」などの新しいセクションを設けるなど、組織改革に熱心な企業もあるが、名称を与えただけで中身がともなわない組織が多いのではなかろうか。

データ分析と活用に関する権限移譲が一向に進んでいないのも課題である。たとえデータ志向の人材を集めても、彼らに必要なデータは上層部で止まってしまい、あるいはサイロ化した一部の組織に囲い込まれてしまい、データを必要とする現場には届かない。これでは、実行、検証、アップデートという正しいサイクルが確立されないのだ。その結果、やはり

「ＢＩツールを導入してはみたものの……」となってしまう。

データ分析と活用においては「本当に取り組むべき課題か」「イノベーションを拓く課題か」という見きわめが肝心だ。その判断はデータマネジメントを現場で手にする人間にも委ねられている。権限移譲が大切だという理由もここにある。

データ分析と活用の本来の目的は、現状改善にとどまらず、改革やイノベーションへとつなげていくことにある。そこでは、当然、好循環を生み出す組織のしくみが求められる。

日本企業的な組織体制そのものを否定するわけではないが、時代に合わせて組織が変容していくことも、企業が成長するためには欠かせない発想だろう。ジョブ型などの新しい働き方が浸透していく中で、データドリブンを活かす組織体制とはいかなるものなのか、いま一度検討するべき余地は大いにある。

先まで見えていない予算措置の問題

データ分析と活用を推進・加速させていくにあたっては、ＢＩツールをはじめとする環境整備はもちろんだが、さらに重要なのはその予算をどの範囲でとらえるかということだ。いうまでもなく、システムの構築やツールの導入は何らかの目的を達成するための手段に他ならないからだ。

ところが、これまでのＩＴシステムの構築・刷新においては、いつの間にか当初の目的がどこかに置き去りにされてしまい、カットオーバーこそが「ゴール（目的）」となってしまう傾向があった。手段が目的化してしまっている現象は、データ分析と活用におけるＢＩツールの導入でも顕著である。「使ってなんぼ」の世界であるはずなのに、そこにたどり着く前の段階で頓挫してしまっている。

その最大の要因は、導入後の活用のフェーズに予算が投じられていないことにある。一部の部門や人材の間で「データを積極的に使おう」という機運が高まったとしても、その予算措置がなされていなければ、その芽を摘んでしまう結果になりかねない。そこで、ここではデータ分析と活用の予算措置について考えていくことにする。

「目的の明確化」ができていない

データ分析と活用の実践では、当然、ＢＩツールへの投資が「入り口」になる。では、「出口」はというと、それは「効果」を得ることに他ならない。しかし、ＢＩツールを導入したからといって、すぐに効果は得られない。

効果を得るためには、導入後も〝仮説―検証〟のサイクルを継続していくことが大前提となる。そのためには、データ分析と活用を企業活動の一環として日常的なものにしなければならない。日常化するには、経営者はもとより、分析担当者、そして課題に直面する現場担当者全員が、データ分析と活用に習熟し、習慣化する必要がある。

しかしながら、教育には大きなコストがかかるのも事実である。そのため、これらの予算措置が講じられないことも多い。これではＢＩツールを活用しようとしても、正しくデータ分析できる人材がおらず、課題解決は停滞してしまうのである。

多くの企業は、まず「自社データをどれだけ蓄積・保有しているか」「どこにどのように蓄積されているか」といった現状把握の調査からスタートしてしまう。しかし、社内によほどデータに精通した人材がいない限り、それを網羅的に調査するのは難しい。人材がいたとしても、膨大な時間と労力を費やすことになるだろう。

実は、発想は逆で、ここでも最初に行うべきことは目的の明確化なのである。データありきの発想では、むしろデータ分析と活用そのものの範疇を限定してしまうことになるからだ。売上を伸ばすことなのか、シェアを獲得することなのか、あるいは徹底的に利益を追求することなのか……、まずはデータ分析と活用の目的を定めることが肝心だ。

目的が定まれば、次は戦略の策定である。戦略とは、「どこに重きを置いて企業活動を実践すれば、自社の成長・変革、ステークホルダーの利益に直結するか」という指針・方針のことである。いうまでもなく、それは企業によって千差万別だ。自社のコアコンピタンス（強み）のさらなる強化を図るのか、コストや付加価値を追求してシェアを拡大するのか、新たな価値を創出して顧客とのリレーションを高めるのか、インセンティブを与えてチャネルの強化・拡充を図るのか……。

この戦略が策定されて、ようやくデータ分析と活用の出番となる。つまり、データを基軸として目的を踏まえた戦略を有効化する手段や方法を見きわめ、分析し、見える化し、戦略にもとづくアクションを理解のもとにうながすことこそ、データ分析と活用なのである。投資に対する効果を期待するならば、この段階をクリアすることが必要だ。

翻って、目的や戦略なくして、やみくもにＢＩツールを導入したり、トップダウンでデータ分析と活用を推進したりしても何も成果が得られないというのは、データありきの発想にもとづく主客逆転から始まった、至極当然の結果なのである。

言葉でいうのは簡単だが、これらを実現するためにはさまざまなハードルが立ちはだかってくる。人材育成や組織変革も、決して一朝一夕で築けるわけではない。加えて、データ分析と活用の精度やバリエーションを高めていくためには、データ収集にともなうシステムの連携、破損したデータ、不正確なデータ、無関係のデータを特定し省いた状態での正規化をするデータクレンジングなど、目立たないがきわめて重要な前処理工程が不可欠となる。とくに、大量のデータを分析して活用しようとすれば、それだけエラーのリスクや可能性も高まってくる。

そこで重要な鍵を握るのが、パートナーの選定だ。ここもまた、投資の一環として考慮しておく要素となる。その際に、サービス主導、テクノロジー主導になりがちな既存のＩＴベンダーだけでは心許ない。もちろん、データ分析と活用にはシステム側の論理、テクノロジー側の論理も必要だが、主導すべきはやはり経営者であり、その右腕となるリーダーたちであることはいうまでもない。

であれば、その狭間を埋め、媒体役となり得る第三者が必要となる。そこで注目されつつあるのが、オーナーズコンサルティングという選択肢だ。言葉の通り、「オーナーである経営者やそのリーダーを直接サポートする」役割を担う。そういった存在に着目し、費用対効果に配慮した予算策定を行うことが、データ分析と活用を成功に導く近道となる。日本ではまだまだ希少だが、当社はまさにそういう存在をめざしている。

「データの民主化」の必要性

データドリブン経営とは、データを収集・分析して経営の意思決定を行い、業績の向上を図る経営手法である。いい換えれば、これまでの経験と勘に頼ってきた経営を客観的・科学的アプローチによって適正化し、意思決定の質とスピードアップを格段に向上させるということといえる。たとえば、顧客の行動変容について、どんなに経験豊富で勘の鋭い経営者であっても、すべての顧客の行動を予測することはできない。しかし、データを活用すれば、100万人単位での顧客の行動でさえ、容易に把握・予測することが可能となる。見落としてしまうかもしれない貴重な顧客ニーズに対応できれば、企業の利益や成長に寄与することにつながるはずだ。もちろん、経験や勘を否定するわけではない。これもまた、経営における重要な判断材料である。経営者が経験と勘にもとづいて手腕を発揮し、危機を乗り越えて成長してきた企業も数多くある。

ただし、経験と勘はあくまでも主観であり、個に依存する。それだけに、そこに内包されているインサイト（洞察）を企業全体で共有し、継承することは決して容易ではない。

そこで求められるのが、客観性と説明性だ。経営者の洞察を数値などのデータを基軸に分析し、可視化・見える化することで共有・共感をうながすことが可能になる。その一方で、経験と勘だけではキャッチできない知見やインサイトもある。これもまた、データを分析することによって傾向やパターンを把握することが可能になる。

このように、データ分析と活用には経験や勘を客観化する役割と、データから見られる傾向やパターンを通じて経営者が新たな経営の選択肢を得るという2つの側面がある。その意味では、データドリブン経営の礎となるデータ分析と活用は、一義的には経営者のためのしくみといえる。

その中にあって、現在、「データの民主化」という言葉がクローズアップされている。いうなれば、現場の改善や活性化を目的として、あらゆる従業員がデータにアクセスしてデータを有効活用できる環境を実現することだ。とくに、ＢＩベンダーの謳い文句には、ＢＩツールの使い勝手のよさをアピールしたいがゆえに、誰もがデータ分析できる環境のことを「データの民主化」という言葉で表していることも多い。

「データの民主化」が求められている背景

データドリブン経営以外にも、現在は「パーパス経営」とか、「エンゲージメント経営」といった経営手法が注目を集めている。いずれも古くて新しい手法である。

実は、データドリブン経営と、この2つの経営手法が再認識されつつあることは密接な関係にある。両者は、「データの民主化」という隠れたキーワードで、データドリブン経営とつながっている。

まずは「パーパス経営」だが、これは企業が掲げる社会的意義、すなわち本来的・本質的な目的に原点回帰することで、企業価値や経営戦略、ブランディングを再構築し直そうとする動きである。社会的意義という観点において、多くの企業はこれまで、市場の中で競業会社との比較において差別化する「マーケットポジショニング」の確立に努めてきた。本業以外の社会貢献を基軸とするCSR（Corporate Social Responsibility：企業の社会的責任）に注力し、次に本業での社会貢献をめざすCSV（Creating Shared Value：共通価値の創造）へとシフトさせてきたのも、その流れの範疇にあったといえる。

ところが、SNSの普及や格差にともなう社会分断がグローバル規模で進展する中で、今度はマーケットではなく、社会の中でその企業が果たすべき存在価値を見つけ出す「ソーシャルポジショニング」が問われる時代となった。

では、そこで求められる存在価値とは何か。マーケットポジショニングにおいては、「Ｗｈａｔ（何を）」と「Ｈｏｗ（方法）」が基軸となっていたが、ソーシャルポジショニングではそれを「Ｗｈｙ（なぜ）」へと向かわせる点に大きな違いがある。その「Ｗｈｙ」を抽出するうえで大きな戦力になるのが、傾向やパターンを見出すことを得意とするデータ分析と活用であり、そこから得た「解」をベースに戦略を策定するのがデータドリブン経営である。そして、その「Ｗｈｙ」は現場起点で見えてくることも少なくない。つまり、「データの民主化」が欠かせない要素となってくるというわけだ。

次に「エンゲージメント経営」だが、言葉の通り、社員と企業の絆、すなわち愛社精神や信頼関係を重視した経営の考え方だ。「お客様は神様」という言葉に象徴されるように、これまでほとんどの日本企業が顧客をステークホルダーの中心に置き、ＣＳ（Customer Satisfaction：顧客満足度）の向上に努めてきた。

この核を担ってきた法則が、「企業の売上の80％は優良顧客によるものだ」とする「80：20の法則」だ。多くの企業がこの法則を起点に、優良顧客の獲得に努めてきた。自社（自店）以外から商品・サービスを購入しない、忠誠心の強い顧客に対してインセンティブを提供し、囲い込む「ロイヤリティマーケティング」と呼ばれるマーケティング手法だ。しかし、ここでいう顧客満足度は、囲い込む側である企業の論理に立脚している。

ところが、スマートフォンやＳＮＳの急速な普及により、顧客の行動変容は多様化・複雑化し、ますます混迷の様相を呈していく。「最も安く商品を購入できる場所」はアプリや検索で容易に特定でき、ＳＮＳの投稿がブランディングに多大な影響を与えるようになった。同時に、ＥＣサイトなどを構築すれば、誰もが簡単に販売やサービスを提供できるようになり、参入障壁が低くなり、競争激化とコモディティ化（代替可能性）に拍車をかけた。

こうなると、ロイヤリティマーケティングを核とする従来のＣＳだけでは、差別化や競争優位性を築くことは難しい。そこで似たような言葉ながら注目され始めたのが、ＣＸ（Customer Experience：顧客体験）である。商品の発見（認知）から店舗・サイトへのアクセス、購買、アフターサービスを含めた一連の「カスタマージャーニー」を通じて、顧客個々の体験から生まれる心の動きをとらえて、顧客自身が最終的に獲得する価値の大きさを最大化しようとする点で、従来のＣＳとは大きく異なる。いうなれば、顧客視点の満足度といえよう。

しかし、ＣＸの向上には商品・サービスの価値だけでは限界がある。そこで、ここにきてとくに注目を集めているのが、ＥＸ（Employee Experience：従業員体験）だ。商品開発から流通、サポートに至るまで、多くの従業員の充実した経験・体験があってこそ、顧客の「カスタマージャーニー」をサポートできるからだ。

つまり、従業員の経験・体験の満足度を高めるＥＸと、ＣＸの向上は表裏一体の関係にあるといえる。顧客が満足すれば従業員のモチベーションも向上するし、従業員がよりよい職場環境のもとで能力を発揮すれば顧客へのサービス品質も向上するからだ。企業が働き方改革や環境整備、待遇改善に力を注ぎ始めているのもその一環といえる。

ところが、それだけで従業員の愛社精神やモチベーションが維持・向上するかというと、そうは問屋が卸さないようだ。人間というのは理解と納得があってこそ、自らを変える力に転換できるからである。その意味で、データ分析と活用にもとづく判断や指示系統は、客観性から人間の理解や納得を生む。ましてや「データの民主化」により、自ら理解・納得する術を得て、それが現場や経営に寄与した体験としてフィードバックされれば、企業との絆や信頼関係も深まっていく。つまり、現場が経営に参加する術をもつことが「データの民主化」であり、そこからエンゲージメントが生まれていくというわけである。

この他、最近では上場企業を中心に「ＥＳＧ（Environment Social Governance）経営」への取り組みも顕著であるが、ここには投資家向けのメッセージも隠されている。ここでは当然、エビデンスが重要な鍵を握るため、経営がデータドリブンであることは必須となる。その発生源や実行場所の多くは現場にあることを考えれば、「データの民主化」が求められている理由も頷けるであろう。

データ分析と活用がＣＸ、ＥＸを育む

現実問題として、日本企業はＣＸにしてもＥＸにしても、世界に後れを取っているといわざるを得ない。「おもてなしの国」であるはずの日本が、ＣＸにおいて後塵を拝しているのは、ＧＡＦＡＭを中心とするアメリカ勢が、カスタマーサービスの観点で戦略を徹底的に見直しているからに他ならない。「顧客と従業員に提供する価値（ＣＸとＥＸ）」を明確に定め、そこを目的とした経営の舵取りを実践しているのである。

その観点からも、日本企業はもっと積極的にデータ分析と活用を進めるべきだ。それがＣＸとＥＸを育む、大きな武器となり得るからである。データ分析と活用は、固定化していた従業員の価値判断を変え、新たな気づきを生む。実は、「データの民主化」の目的も、本質的にはそこにあるのではないだろうか。単にデータ分析と活用を全社的に展開すればよしとするのではなく、データへの理解と重要性を現場に認識させ、既成概念にとらわれない課題を抽出し、そして解決手法まで手中に収めるということだ。その意味では、ＢＩベンダーがアピールする「データの民主化」には一理ある。10年前と比較してもＢＩツールは格段に

洗練され、ユーザビリティは向上している。一部の専門家にしか扱えなかったデータ分析と活用の世界は、特別な知識をもたずとも利用できるようになっている。

　初期のデータ分析基盤は、蓄積されたデータをもとに、経営層が重要な判断を行う際の意思決定支援を目的としていた。当然、分析結果に齟齬があってはならないので、統計学や分析手法に長けたデータサイエンティストなどがメインユーザーとして想定されていた。

　誰もが利用できるようにするためには整備の負担も大きいものの、だからといってデータサイエンティストのようなエキスパートの育成・確保は難しい。多くの企業はいま、そういった人材の確保に頭を悩ませているのではないだろうか。

　だからこそ、「データの民主化」に意義を見出すことができる。現場のメンバーに一定の権限を与えてデータを開放し、それぞれの知見と経験で新しいアイデアを捻出する試みが、不確実性の時代からの脱却につながる手立てともなり得る。

ＩＴベンダーの業界構造

メディアの記事やＷｅｂを閲覧していると、毎日のように「ＤＸ」という文字が紙面や画面に躍っている。そこには、ＤＸを国策として政府が強く推進している背景がある。

最初に衝撃を与えたのは「第４次産業革命」という言葉だ。18世紀末以降の水力や蒸気機関による工場の機械化である「第１次産業革命」、20世紀初頭の分業にもとづく電力を用いた大量生産である「第２次産業革命」、１９７０年代初頭からの電子工学や情報技術を用いた一層のオートメーション化である「第３次産業革命」に続く、ＩｏＴ（Internet of Things：モノのインターネット）やＡＩ（人工知能）、ビッグデータを用いた技術革新による産業変化を意味する。

内閣府は「年次経済財政報告」を踏まえた日本経済の現状分析として、毎年「日本経済」シリーズを公表しているが、２０１７年１月に公表した「日本経済２０１６－２０１７」では、この新たな産業変化の世界的潮流を受けて、日本の産業界に警鐘を鳴らしている。

それとほぼ並行して、政府は第５期科学技術基本計画において、わが国がめざすべき未来社会の姿として、狩猟社会（Society 1.0）、農耕社会（Society 2.0）、工業社会（Society 3.0）、情報社会（Society 4.0）に続く、新たな社会「Society 5.0」なる指針を打ち出した。

内閣府の定義では「サイバー空間（仮想空間）とフィジカル空間（現実空間）を高度に融合させたシステムにより、経済発展と社会的課題の解決を両立する、人間中心の社会（Society）」となっており、本質的にはＤＸとは異なるが、経済産業省が２０１８年12月に「ＤＸ推進ガイドライン」を発表したこともあり、産業界ではほぼ同義語としてとらえられている。

さらに、ここにきてＤＸ施策の一環として、地方発でデジタルの実装を進め、地方と都市の差を縮めていこうとする「デジタル田園都市国家構想」により、大企業や大都市のみならず、日本全体をＤＸへと向かわせる方針も打ち出されている。

そこで、ここではユーザー企業とＩＴベンダーの関係を中心に、ＩＴやデジタルを次のステップへと向かわせる際、その目の前に大きく立ちはだかっている業界構造について考えていくことにする。

ＩＴベンダーはＤＸの担い手になれるのか

ＤＸに関する見解は後述するが、このような産業政策を踏まえて意気軒昂なのが、いわゆるＩＴベンダーである。こぞってＤＸの必要性を説き、「そのためにはデータ分析と活用が不可欠です」と、ユーザーに対して積極的にアプローチしている。

ＩＴベンダーも利益を追求する企業集団であるので、時流に乗ってセールスを展開するのは、当然といえば当然だ。しかし、問題はその実態にある。

まずは、その前提として、日本におけるＩＴ業界の特性を考えてみたい。最大の懸念は、ＩＴ人材の偏りである。日本企業においては、受託開発という名目のもとに、ほとんどのケースでシステムの開発・運用をＩＴベンダーに依存してきた。必然的に、従事するＩＴ人材（技術者）の割合は、ＩＴベンダーが圧倒的に高くなる。ＩＰＡ（独立行政法人 情報処理推進機構）が発行する『ＩＴ人材白書２０２０』によると、日本におけるＩＴ人材の割合はＩＴベンダーが70％強を占め、ユーザー企業の割合は30％にも満たない。

ところが、アメリカではこれが逆転していて、35％がＩＴベンダーに、65％がユーザー企業に所属している。この傾向は、ヨーロッパとの比較においても表れている。最近では、ソフトウェア開発の内製化に取り組むユーザー企業も増えつつあるようだが、その結果、ＩＴベンダーとの間で熾烈な人材の奪い合いが生じている。

ＩＴベンダーにおける情報基盤とデータ活用基盤の提案は、その必要性を訴求するものの、結局のところ、データベースを構築しただけで終わっているケースも少なくない。なぜ、そのような状況が生まれてしまうのか。

その理由として指摘できるのは、ＩＴ業界の産業構造である。これも日本固有の問題といえるが、大手ＳＩベンダーがユーザー企業からシステム開発を受託する元請けとなり、さらに多くの外注企業へ開発業務を委託する、いわゆる「多重下請け構造」がさまざまな弊害を生み出している。その結果、多くの中堅・中小ＩＴベンダーは大手ＳＩベンダーの傘の下でしか仕事ができず、独創性や独立心、そして競争力を失ってしまっているのだ。この構造が続く限り、ＲＦＰ（提案依頼書）や仕様書準拠ありきの発想が変わることはない。ＤＸに求められるような攻めのＩＴに立脚したしくみはもちろん、ユーザー企業の潜在的課題を洞察して解決するしくみ、すなわちデータ分析と活用に真摯に取り組み、データドリブン経営のパートナーとなり得るＩＴベンダーの出現は望めないのではないだろうか。

このような状況を打開するために、ユーザー企業の多くはＩＴ人材の内製化に踏み切ろうと、懸命な努力を続けている。とはいえ、ＩＴ人材の奪い合いが、ますます激化していくことは間違いない。

ＩＴベンダーの開発手法

社内の業務プロセスのシステム化を図るＳｏＲは、ＲＦＰなどの要求仕様に沿った開発が中心となるため、これまでＩＴベンダーが得意としてきた受託開発との親和性が高い。要件を確定させやすく、要求の変化も緩やかであるからだ。

そこで、その開発工程において定常化されてきたのが、ウォーターフォールモデルである。策定する開発工程を要件定義や基本設計、詳細設計、開発・実装、テスト（単体テスト・統合テスト）、リリースといったフェーズに細かく分割し、まさに滝が流れ落ちるように、上流工程から下流工程へ順次、移行して開発する手法である。

ウォーターフォールモデルの利点は、進捗管理がしやすい点にある。また、開発の段取りが明確化されているため、見積もった予算との齟齬が生じにくく、人員調達も容易になる。

さらに、工程ごとに決められた基準を満たしてから次の工程に移るため、ある程度の品質を担保しやすくなるという利点もある。基本的に、途中の工程を飛ばして進めることはなく、開発担当者や責任者、クライアントが工程単位で成果物を確認し合い、合意を得たうえで、各工程を完了と見なすからだ。大規模なプロジェクトに適した手法といえるだろう。

その反面、途中で仕様変更が求められた場合などには後戻りしづらく、ただでさえ時間軸に依存する手法であるうえ、戻らざるを得ない場合は、さらに膨大なコストと時間、労力を要するリスクもある。

一方、顧客や社会との接点（Engagement）における課題を抽出・発見して、新たな価値提案を行おうとするＳｏＥや、データ分析と活用によって洞察（Insight）を得ようとするＳｏＩといった領域では、顧客や社会の課題に対する提案の有効性を見きわめることが難しく、時間の経過や外部環境による変化も著しい。要は、試行錯誤だらけで、仕様を策定する道程すら定まっていないのだ。それだけに、ウォーターフォールモデルで解決しようにも、完成に漕ぎつけた際には時すでに遅しで、陳腐化している可能性が高い。

そこで、ＳｏＥやＳｏＩ開発のキーワードとしてクローズアップされているのが、スモールスタートである。つまり、「小さくつくって、大きく育てる」という発想だ。新しい概念や理論、原理、アイデア、技術の実証を目的としたＰｏＣ（Proof of Concept：概念実証）が花盛りとなっているのも、そのためである。

経営のアジリティという観点から考えると、このような仮説・検証サイクルを短縮し、より多くの成功事例を生み出していくことが期待できる。しかし、実際に成功している例は少なく、ともすれば「ＰｏＣ疲れ」「ＰｏＣ貧乏」という言葉さえささやかれている。その理由は、いまだにウォーターフォールモデルに立脚した発想が根強く残っているからだ。
そこで、その対極にある開発手法として注目を集めているのが、アジャイルモデルである。不具合が発覚した際に戻る工数が多くなってしまうウォーターフォールモデルのデメリットを克服することを目的に、まさにアジリティを追求するために誕生した開発手法といえる。一連の工程を短期間で反復しながら計画立案を繰り返し見直すことができるため、「小さくつくって、大きく育てる」というスモールスタートのコンセプトに適合しているといえよう。

そもそも仮説・検証を迅速に繰り返す必要があるＳｏＥやＳｏＩの領域は、いわゆる請負契約による受託開発には不向きである。請負契約自体が、契約で定められた納期・工数にもとづいて成果物を納品することを前提としているため、多くの場合、発注者が開発プロセスにかかわることが少ないからだ。ウォーターフォールモデルでは、発注・受注側ともに、そこから生まれる「集中と分散」にメリットを求め、認め合ってきたことも事実だろう。

では、アジャイルモデルで市場の変化をとらえながら、小規模な開発を繰り返すには、どうすればよいのだろうか。もちろん、アジャイルな開発体制を社内に構築できれば、それに越したことはないが、そういう人材を確保・育成できるかといえば、そうはいかないのが現実ではないだろうか。

一方、ＩＴベンダーが十分なアジャイル人材を確保できているかというと、そうともいい難い。事実、「デジタルトランスフォーメーションの加速に向けた研究会」の答申を踏まえて、経済産業省が２０２０年12月に発表した「ＤＸレポート２（中間取りまとめ）」では、「ベンダー企業の目指すべき方向性」の中で、次のように指摘している。

「価値創造型のビジネスにおいては、ユーザー企業は絶えず変化する顧客のニーズに対応するために自社のＩＴシステムを迅速に更新し続ける必要がある。そのためには、最もニーズの高い機能を迅速に開発し、フィードバックしながら変化に迅速に対応できるアジャイル型に開発を変革しなければ変化の速さに対応できない。すなわち、従来のウォーターフォール開発による受託開発型のビジネスに固執するベンダー企業は、今後ユーザー企業のニーズ・スピード感に応えられなくなる可能性が高い」。

要するに、ＩＴベンダー側においても、アジャイル人材はまだ少ないのである。そこで、スモールスタートの実践に向けて注目されているのが、ラボ契約（ラボ型開発）だ。ラボ契約とは、ある一定期間（通常は半年～1年程度）、外部の優秀なエンジニアを一定数、確保して開発プロジェクトを進めることができる契約形態である。

請負契約との最大の違いは、成果物の完成責任の有無にある。請負契約においては、民法上、契約不適合の完遂責任が生じる。一方のラボ契約は、成果物の完成責任が生じない。

そのため、一見、発注者にとって不利な契約のように思えるが、コストを抑えながら一定の期間、優秀な人材を確保できるというメリットがある。仕様が明確に決まっていない、あるいは多くの仕様変更が見込まれるなど、アジャイルモデルで未知の問題に対処していく際には、マッチした契約形態といえる。

ＤＸというバズワード

「生きるべきか、死ぬべきか、それが問題だ（To be or not to be, that is the question）」は、ご存じのように、シェークスピアの悲劇『ハムレット』で主人公が独白する名台詞である。進退を決めかねて、思い悩む心情を表しているが、経営者の多くは、いままさにこの言葉の意味を噛み締めているのではないだろうか。「DX or Die（ＤＸを推進するか、それとも淘汰されるか）」という言葉が、まことしやかにささやかれているからだ。

ＤＸは、２００４年にスウェーデンのウメオ大学で情報学を専攻するErik Stolterman教授によって提唱された概念である。要約すると、「進化したデジタル技術を浸透させることで人々の生活をよりよく変革すること」を意味する。

日本では、先に紹介した経済産業省の「ＤＸレポート〜ＩＴシステム『２０２５年の崖』の克服とＤＸの本格的な展開〜」が、ＩＴ専門調査会社の定義を例に、ＤＸを次のように説明している。

「企業が外部エコシステム（顧客、市場）の破壊的な変化に対応しつつ、内部エコシステム（組織、文化、従業員）の変革を牽引しながら、第3のプラットフォーム（クラウド、モビリティ、ビッグデータ／アナリティクス、ソーシャル技術）を利用して、新しい製品やサービス、新しいビジネス・モデルを通して、ネットとリアルの両面での顧客エクスペリエンスの変革を図ることで価値を創出し、競争上の優位性を確立すること」。

また、２０２１年に新設されたデジタル庁は、デジタル社会形成の司令塔として未来志向のＤＸを大胆に推進し、デジタル時代の官民のインフラを今後5年で一気呵成につくり上げることをめざすとしている。

しかし、その一方でＤＸは単なるブームやバズワードにすぎないという、冷ややかな指摘があることも事実である。そこで、ここではＤＸの意味を俯瞰的にとらえていくことにする。

破壊的イノベーションの原点は、実はシンプル？

わが国では現在、国を挙げてＤＸへの取り組みが進められている。ＤＸの荒波は産業界にも押し寄せてきており、ほぼすべての大手企業の中期計画には「ＤＸの推進・加速」という文字が躍っている。

気になるのは、「ＤＸレポート」の定義に記された「破壊的な変化」という言葉だ。これは１９９７年にハーバードビジネススクールの教授だったClayton M. Christensen氏が提唱した「破壊的イノベーション」、つまり技術革新やアイデアによって、既存事業の安定した状況を打破し、その事業および業界構造を一変させるという企業理論に由来する。

氏は、著書『イノベーションのジレンマ』の中で、巨大企業が新興勢力の前に力を失う理由を説明するにあたって、従来製品の改良を進める「持続的イノベーション」、そして従来製品の価値を破壊してまったく新しい価値を生み出す「破壊的イノベーション」という２つのイノベーションモデルを規定したうえで、その理由を説いている。

それは、これまで革新的な技術やビジネスモデルで市場を席巻してきた企業が成長するにつれて、持続的イノベーションを追求し続けてしまい、破壊的イノベーションの扱いに失敗するからだという。つまり、成功している企業ほど、合理的な判断に縛られ、新しい市場への参入が遅れてしまう可能性を示唆している。

一方、改善・改良を得意としてきた日本企業の多くは、持続的イノベーションの効果的な手法の確立に努めてきた。それだけに、本来、業界の常識をひっくり返すような破壊的イノベーションを生み出すことを不得手とする。また、独自の企業風土や文化をつちかってきただけに、トランスフォーメーション（変革）へのマインドが低いともいわれている。

では、そうした企業文化をもつ日本企業は、果たしてＤＸを成就できるのか。ＤＸとは、数年後には消えてしまうバズワードでしかないのだろうか。ＤＸでは、とかくＡＩやＩｏＴなどのデジタル技術に注目が集まっているが、実は、既存のしくみをデジタルに置き換えるだけで達成できるものではない。むしろ、トランスフォーメーションという言葉が示すように、その目的はビジネスを変革することにある。組織構造や企業文化・風土、そしてビジネスモデルそのものの変革を前提に、そのための手段として、ビジネスでの実用レベルに達したデジタル技術を活用しようというのが、ＤＸを推進する際の着眼点になる。

裏返せば、世の中で急速に普及・浸透するさまざまなデジタル化の波に企業側が追いつくことでもある。銀塩写真に比べて画質が低いとされるデジタルカメラが主役の座に躍り出たのは、なぜか。さらにデジタルの世界でも変化が起きる。ＣＤやＤＶＤがインターネット経由の配信サービスへと大きくシフトしている理由とは、何なのか。

また、地図情報の活用から始まった配車サービスやスマートフォンの爆発的普及にともなう消費者の行動変容など、これらを予測できた経営者がどれだけいただろうか。

これらの製品やサービスには、たしかにデジタル技術が介在する。しかし、発想の根源は決して複雑ではなく、至ってシンプルだ。デジタルカメラは「もっと手軽に写真を撮って、現像せずにその場で確認し、必要なときにプリントしたい」というニーズに応えるものである。音楽配信は「いつでもどこでもすぐに好きな音楽を聴きたい」という、人々の自然な欲求に対する回答といえる。スマートフォンは「日常をもっと楽しく便利に」という要望に見事に応えている。つまり、利用者側が小難しい最新テクノロジーに依存することなく、より自然な生き方を実現できる世界観が描かれているからこそ、市場に受け入れられたのである。

このように、デジタル技術は前面に出ず、いずれも「演出家」としての役割を担っているといっても過言ではない。

DXは、こうして失敗する

日本企業におけるDXの現状はというと、テクノロジーの導入ありきで、変革に結びつかないケースが目立つ。デジタル技術という手段を導入することが目的化してしまい、テクノロジーに投資したものの、何も変わらないという状況が生まれつつある。

このような失敗例は、基本的に２つに大別できる。１つ目は、変革に意欲的な現場やミドル層、一部の役員の提案から始まるケースである。その意図を経営トップが正しく理解できず、ＡＩやＩｏＴなどの技術とＤＸを混同させてしまい、明確な目的をもたずにテクノロジーの導入に走ってしまった結果、ほぼ使いこなせていない状況だ。

そして２つ目は経営トップがＤＸの重要性を真摯に受け止めて決断したにもかかわらず、それを推進すべき人材が経営トップの意思決定の真意を理解できずに失敗するケースである。デジタルツールを導入して改善を取り繕ったり、ＰｏＣを立ち上げることでお茶を濁して、一向に成果がともなわない状況である。

実は、後者の場合、時代や技術の変化に即した組織体制を築けなかった経営トップの責任も大きい。それだけに、経営トップには慎重に人選を行いつつ、組織を変革する意欲をもっていただきたい。

この他、重要なステークホルダーである株主への体裁を整えるというケースも考えられる。メディアの報道がＤＸに傾倒する中で、中期経営計画に「ＤＸ」という言葉を散りばめておかないと、「物言う株主」に何をいわれるかわからない、という恐れである。これらのケースでは、ＤＸが一時のバズワードで終わる可能性が高い。

ハイプ・サイクルの観点ではＤＸに異議あり

ＤＸをバズワードととらえるロジックとしては、「ハイプ・サイクル」に立脚した指摘もある。ハイプ・サイクルとは、アメリカのＩＴ調査会社であるガートナーが提唱したメソッドで、新技術の登場によって生じる過度の興奮や誇張（Hype）から成熟度、採用度、社会への適用度を経て、やがて失望に至る経緯を時間軸で示している。

なお、２０２１年8月にガートナーが発表した「先進テクノロジのハイプ・サイクル：２０２１年」では、ＣＩＯをはじめとするＩＴエグゼクティブが、最新の技術トレンドだけでなく、その普及や利益を生み出すタイミングを把握することができる。

ハイプ・サイクルでは、最新テクノロジーには、①トリガー（引き金）またはブレークスルー（飛躍的前進）から始まる「黎明期」、②過度な期待と非現実的な期待が混在する「ピーク期」、③過度な期待に応えられず急速に関心が失われる「幻滅期」、④注目されなくなるものの、その利点と適用方法の理解がうながされる「啓蒙期」、⑤広範に受け入れられることで技術が安定し、次の世代へと進化する「生産性の安定期」、という段階があるとされている。ＤＸをバズワードととらえる向きは、ＤＸにおいて注目されているデジタル技術においてもこのメソッドが反映され、いまは「黎明期」にすぎず、いずれは「安定期」を経て、騒がれることはなくなると指摘する。

ＤＸという言葉に含まれる「トランスフォーメーション」も同様だ。いまは画期的かつ革新的とするものの、５年後、10年後には「当たり前」になってしまっている可能性が高い。つまり、そのときにはすでに「変革」ではなくなっているのである。

とはいえ、ＤＸという言葉に惑わされることなく、企業が5年後、10年後の「当たり前」の創出に取り組む姿勢は必要だ。サステナビリティ経営が「社会の持続可能性に配慮した経営」であるならば、企業もまた持続的に成長し続けなければならないからだ。

そこに答えを求めるならば、やはりデータ分析と活用が不可欠となる。多くの企業がデータ分析と活用のしくみや環境を整備し始めているが、それは企業の持続的な成長に資するものでなければならない。

もちろん、ビジネス変革をゴールとしてＤＸに取り組み、推進・加速させるのは、経営者の判断に委ねられている。しかし、その前提には競争力や価値を高める努力、５年後、10年後の「当たり前」を創出するビジョンがなければ、その企業のＤＸはバズワードで終わってしまうだろう。変革をゴールに設定するのなら、これまでシステム化されていなかった領域や属人的な領域をシステム化していくことも念頭に置くべきだ。新しいシステムが稼働すれば、必ずデータが発生する。インプット環境が広がれば、分析軸が多次元的になり、より精度が高いアウトプットが期待できる。

そういった循環にもとづく「データの掛け算」による連鎖は、必ずやよい意味での化学反応を起こすことだろう。それがＤＸであるか否かは別にして、データ分析と活用がこれからの企業活動の核心を担う重要な柱になることは間違いない。

第3章

「データ分析と活用」の本質論（データ編）

——「データ分析と活用」の大前提となる「データ」とは!?

「データ」の深掘りから始まる

第1章でデータ分析と活用を取り巻く5つの課題、第2章でそれらの課題の原因とされる背景について、それぞれ考えてきた。第3章からは、データ分析と活用を実践するためのヒントを提供していきたい。

ビジネスの世界はもちろん、日常生活においてもデータは身近な存在だが、あらためてその定義を考えてみると、実は意外に曖昧なとらえ方をしていることに気づく。情報化時代といわれるようになって以降は、「コンピュータが処理する数字や文字列」といった印象が強いようだ。

そこで、プロ野球史上に残る名将・野村克也氏が唱えた「ＩＤ野球」を思い起こしていただきたい。勘や経験でプレーするのではなく、「Import Data（データ重視）」にもとづいて、科学的な野球を実践しようとするＩＤ野球は、身体能力で「来た球を打ち返す」としてきた従来の野球を覆し、野球の概念を変えたとさえいわれている。

野村氏は、配球の傾向や各選手の癖などの情報を収集・分析することで、打者の出塁率や投手の防御率の底上げを図り、選手の特徴を見きわめた起用を含めて、データにもとづき自軍を勝利へ導く理論を打ち立てた。

ＩＤ野球の成功のポイントは、実は「データ」の語源に置き換えて考えてみるとわかりやすい。データという言葉の語源は、ラテン語の「dare」といわれているが、そこには「与える」という意味が内包されている。

ＩＤ野球におけるデータも、収集された時点では数字・文字列にすぎない。しかし、それを「知恵」に変換し、選手たちに「与えた」ことで、ＩＤ野球は従来の野球の概念を変えたのである。つまり、データにもとづく実践方法を「提供・共有」したことにより、ＩＤ野球は開花したといえる。

データドリブン経営も同様である。「客観的で再現性のある事実・数値」であるデータを「知」に変換し、経営のために「提供」する。そしてビジネスの現場と「共有」して、はじめて実践したことになる。企業においてデータ分析と活用が重視されるのも、その「知」への変換を行う術が求められているからだ。

そこで、本章ではデータ分析と活用の大前提であり、最も重要な鍵を握る要素「データ」に注目して、その種類や内容を紹介しながら、データ分析と活用を実践するうえでのプロセスとステップを踏まえて、知識と理解を深掘りしていくことにする。

「データ分析と活用」における課題と目的とは!?

データ分析と活用は、データに関する知識や理解を深めるだけでは決してうまくいかない。より根本的・本質的な認識として、「何のためにデータ分析と活用を実践するか」というテーマに立ち返る必要がある。

これを置き去りにしたままデータ分析と活用に取り組むケースは、決して少なくない。まずは、企業がこのテーマとどう向き合うべきかについて、考えてみたい。そのことが、データの価値を再認識することにつながるからだ。

「データ分析と活用」を有効化する問題発見のポイント

そもそも、企業は何のためにデータ分析と活用を推進しようとしているのか。その答えは明白である。データ分析と活用を通じて課題を「発見」し、さらに分析することで「原因究明」を図り、その答えから次なる「アクション」を実行することで課題を解決するためである。この「発見」「原因究明」「アクション」が三位一体で課題解決することこそ、データ分析と活用は企業にとって有効な手段となり得る。

そのトリガーとなるのが、問題や課題の「発見」である。

世界に先駆けて問題構造化理論（構造的洞察法）を創案した佐藤允一氏の著書『問題構造学入門』（ダイヤモンド社）において「問題とは目標と現状のギャップである」と定義されている通り、問題には測定可能な比較対象が必要となる。

ところが、実際にはここを取り違えてデータ分析と活用を実践している企業が少なくない。多くの企業が、問題の「原因究明」や「アクション」につなげられていない理由もそこにある。

自社の成長に向けて設定する目標を「背丈」にたとえて考えてみよう。背丈の低い人が「背が高くなりたい」（課題）と思っているとき、具体的にどれくらい背を高くしたいのか（目標）を明確化する必要がある。

企業にとっても同様で、自社の成長という命題は、企業にとって普遍的ともいえるテーマで、ほとんどの企業がこれを基軸に目標を設定していることだろう。

当然、目標の設定には本来、現状に内包されている問題や課題からスタートするのが必然といえる。今年度こそ目標を達成しようと意気込んでみても、自身の問題・課題に気づかなければ、そのうち意欲が失われていくに違いない。

では、企業がデータ分析と活用を実践する際には、どのようにして問題や課題を発見し、目標として定めるべきなのか。そのポイントは、次の3つである。

①比較対象を明確にする
②問題・目標・ギャップを定量化する
③共通言語（基準・単位の統一）をもつ

①比較対象を明確にする

先の「背丈」にしても、比較対象がなければ、問題は浮き彫りにならない。周囲が自分と同等か、自分より背丈が低ければ、問題を感じることすらないだろう。逆に、バスケットボールやバレーボールの選手で自分より背丈が高いライバルがいれば、背丈で劣る自身の問題・課題が顕在化される。その時点で、背丈を伸ばすトレーニングやライバル以上のジャンプ力を身につける練習といった解決策やアクションが創出されることになる。

ちなみに、比較対象を踏まえたうえでの目標を設定する際は注意が必要である。低すぎても高すぎてもあまり意味がない。それは、設定する目標が低ければ問題・課題として認識されず、逆に高すぎると非現実的となり実現は無理と諦めてしまうからである。

たとえば前者では、ライバルと実力を比較するときに、自分と大差のない相手を選べば、

「背丈が劣る」という問題・課題も認識できないだろう。後者は、小・中学生がＮＢＡ（National Basketball Association）の一流選手を対象にしても、憧れとしてのモチベーションにはなるだろうが、それを1年間の目標に据えても、できる解決策やアクションは日々のトレーニングを積み重ねるしかなく、結果を可視化することは難しい。

企業における目標設定も同様で、適切な比較対象を選んで、達成可能な目標を設定することがポイントとなる。例として、営業マンの営業目標の設定をみてみよう。低すぎる営業目標では努力をすることなく達成可能であるため、自身のさらなる成長は望めない。また、高すぎる営業目標では達成不可能と判断してしまい、自身のモチベーションが低下し努力を行わなくなってしまう。そのため、達成可能な目標を設定する際には、営業マン本人の達成可能かつ少し高いぐらいの営業目標にすることが必要である。そして、目標を達成できた時点で、次なる対象・目標を定めていくことが肝要だ。

②問題・目標・ギャップを定量化する

問題構造学の「問題とは目標と現状のギャップである」という前提に立てば、そのギャップは測定可能であることも重要である。そのためには目標と現状を定量化（数値化）することが必須だ。たとえば、「クロージングスキルを向上させる」という定性的な目標を掲げたところで、現状のスキルと目標とするスキルのギャップを数値化することは困難といっていい。クロージング案件で競合会社に横取りされる状況が続いていたとしても、定量化できなければ単なる希望・願望で終わってしまう。

　では、発見された自社の問題が成約率やリピート率、シェアなどであったら、どうだろうか。仮に、それらの数字が競合会社や競合商品より劣っていることがわかれば、まずはそれを上回ることを目標とするだろう。当然、さまざまなギャップ（差）も見えてくるはずだ。そこではじめてデータを集めることで、ギャップの原因分析を行うことが可能となる。さらに、自らその目標を達成するための解決策や実行すべきアクションが生まれ、その効果測定を含めた改善サイクルが築かれていく。と同時に「どこに到達すれば、問題が解決したことになるか」を明確化することにもつながっていく。

　このように、不明瞭で定性的なものは目標として定められない。定量的であってこそ、データ分析と活用が真価を発揮するのである。

③共通言語（基準・単位の統一）をもつ

　目標と現状のギャップは、当然ながら、同じモノサシで測る必要がある。たとえば、一言で売上といっても、実績の売上データと予算の売上データでは、源泉や尺度も違えば、管理メッシュも異なる。ある製品の収益性分析を行いたい場合、実績データのみでの分析では限界がある。ギャップを明確化するための目標を設定する必要があるが、設定された予算が製品別に立案されていなければ、ギャップは明確化されない。また、グループ会社をもつ企業では、企業ごとに別々のシステムが稼働し、異なるマスターや手法で管理しているケースもあるだろう。とくに販売系の子会社と製造系の子会社ではそれぞれ異なる製品マスターを使用している関係で、同じ製品であってもグループ間での分析ができず、分析の際には、担当者が常に製品コードの読み替えを行わなければならない。このようなことは、現場において日常茶飯事である。

当然、尺度が違うデータを突き合わせての分析は、砂糖と塩を間違えて調理するようなことと同じだ。

したがって、基準・単位を統一し、共通言語化を図らない限り、データ分析と活用は実現しないのだ。だからこそ、基準・単位の統一をした全社における共通言語をもつことは大切だ。本章後半の「データ環境整備のスコープ」で詳しく触れるので、そちらも参照いただきたい。

企業に蓄積されている「データ」とは何か⁉

ビジネスにおいては、日々の企業活動を通じて、まさにさまざまなデータが刻一刻と生成・蓄積されている。当然ながら、データ分析と活用の目的は、それらの膨大なデータを漠然と整理することではなく、目的に応じて分析と活用をすることにある。

そのためには、企業内に散らばっている膨大なデータの中から、「どのデータを抽出して分析と活用をするのか」が重要な鍵を握っている。

ところが、実際には自部門において馴染み深いデータもあれば、ほとんど接したことのないデータも少なくないはずだ。そのくらい、企業におけるデータは多種多様で、多岐にわたっている。部門が違えば、データは言語の違いほどのギャップがあるということだ。

そこで、まずは企業内に生成・蓄積されているデータにどのようなものがあるかについて考えていきたいが、膨大なデータを網羅的に数え上げていくことにあまり意味はないだろう。

ここでは、企業活動を通じて生成・蓄積されるデータを「構造化データ」と「非構造化データ」という大きな分類でとらえ、その特性と活用方法を探っていく。

「使うこと」を大前提に定義された「構造化データ」

企業活動を通じて得られるさまざまなデータのうち、ビジネスパーソンの多くが日常的に接しているのは「構造化データ」だろう。これは事前定義され、定められた特定の構造に従って整形されて、基幹システムのデータベースなどに蓄積されるため、スキーマオンライト(Schema on Write)とも呼ばれている。

スキーマとは、図式・図解・概要・あらましなどの意味だが、ＩＴの世界ではどのような種類のデータをどのような構造で、どこに格納するかを定義し、使いやすい形式でデータベースなどに格納することを意味する。その最たる例が、基幹システムを通じてデータベースに収集・蓄積されている「実績データ」である。

すでに使いやすい構造で蓄積されている構造化データは、データ分析と活用における登竜門ともいえる。その理由を説明しよう。

１つ目は、ビジネスユーザーが比較的、容易に利用できることである。そのデータが生成されるシステムのしくみやプロセス、他のデータとの関係性について深く理解していなくても、データのテーマさえ理解できれば、データ分析と活用に利用することは可能である。たとえば、売上分析を行いたいのであれば、販売管理システムに蓄積されている売上明細や、会計システムに蓄積されている売上仕訳等のデータを利用することとなる。

２つ目は、データ分析と活用を行うことに適しているからである。構造化データは、ＩＴの歴史において長い間、システムを管理するため、データを効率的に蓄積し、管理可能となるよう最適化されてきた。また、システムに格納されているデータは原則、リレーショナルデータベース内に一貫性と効率性を目的として正規化されて蓄積されており、このことによりデータ分析と活用をする際にも、取り出しやすくなっているのが特徴である。

３つ目は、データ分析と活用のための周辺ツールが揃っていることである。構造化データを蓄積するためのツールや、変換加工するためのツール、可視化するためのツールがさまざまなＩＴベンダーから提供されている。詳細は、第5章にて言及するが、これらのツールを組み合わせてうまく活用することで、非常に効率的、効果的な分析が可能となる。

一方、構造化データにもデメリットがある。柔軟性に乏しく、ユースケースが制限されている点だ。事前定義されているということは、本来的な使途や目的も定められており、意図された目的にしか利用できない構造となっているということでもある。

データウェアハウス（ＤＷＨ）は一般的に厳格なスキーマをもつデータベースとして知られている。そのため、これまでとは異なるニーズを満たせるように内部を変更しようとする場合、その構造を網羅的に更新する必要がある。要件変更のための開発作業、ストレージやメモリ等のインフラの増強など、一定の時間・コスト・労力への投資が必須となる。また、最近のトレンドは、ＤＷＨなどの情報基盤のオンプレミス環境からクラウド環境への移行だ。クラウド環境によりスケーラビリティの向上、データの接続性確保やメンテナンスコストが軽減できるものの、依然として要件変更にはマンパワーが必要になることに変わりはない。

業務直結型の「非構造化データ」は、いまだ無法地帯!?

構造化データの次にクローズアップすべきは、非構造化データであろう。ネイティブな形式のまま保存され、使用時まで処理されないデータのことである。ドキュメントやテキストデータ、画像・動画・音声データ、センサーのログデータ、電子メールなど、非構造化データは多岐にわたる。

傾向として、日々の業務に直結するデータが多いのが特徴だ。これらのデータは「収集されたままのデータ」もしくは「アプリ固有のデータ」の形式で格納され、読み出した段階でデータ分析ができる形式に整形するため、先のSchema on Writeに対して、Schema on Read（スキーマオンリード）と呼ばれている。

定義されていない非構造化データは、一見、データ分析と活用には使いづらそうに思えるが、メリットもある。目的に応じて定義できる自由度の高さだ。そのためには、データ分析と活用で使えるように変換・加工する必要があるが、実は非構造化データにも２つのタイプがある。規則性があるデータと、そうではないデータだ。

前者の場合は、非構造化データをもつことに特化したＸＭＬなどのマークアップ言語を使って変換・加工することができる。また、後者は「規則性がないデータから規則性を見つける」アプローチが必要になるため、難易度は高まるが、現在ではＡＩの画像認識・音声認識・自然言語処理などを利用してパターンを見出すなど、方法論も確立されつつある。それだけに、これまでの延長線上にはなかったデータ分析と活用を実践できる可能性は広がっている。

非構造化データのもう一つの利点は、データ収集のスピードだ。あらかじめ定義する必要がないため、日々の業務で生成されるデータを容易に収集できるのである。

ただし、すぐにデータ量が膨れ上がるため、これまでのオンプレミス環境のストレージではスケーラビリティという観点で課題があったが、大量データを保存できるクラウド型のデータレイクが登場したことでこの課題は解決され、非構造化データの活用はより現実味を増している。

もちろん、非構造化データでのデータ分析と活用には短所もある。決まった形式をもたない未定義のデータであるため、ビジネスユーザーの利用にハードルが高いことだ。最大限にデータを引き出すためには、データ生成のプロセスやデータ間の関係性に精通したデータサイエンティストの存在が望まれる。しかし、彼らが企業にとって最も確保が難しい人材であることはいうまでもない。

また、構造化データと比較すると、周辺ツールの選択肢が限られている点も短所といえる。このように、非構造化データによるデータ分析と活用はまだ過渡期にあるといってよいだろう。データ分析と活用において多様なバリエーションを追求しようとしても、現実的に心許ないところがあることを理解しておきたい。

このような短所がクローズアップされているがゆえに、非構造化データはいまなおデータ分析と活用においては野放し状態になっているケースがほとんどである。ただし、第5章でも述べるが、ＡＩなどの進歩によって非構造化データを取り扱う可能性は大きく広がりつつある。とくに、自社ならではの知見やノウハウを源泉としているデータが多いこともあり、コアコンピタンス戦略や差別化戦略の一環として、非構造化データを活用しようとする機運は高まっている。

データ分析と活用の実践にあたっては、構造化データと非構造化データがもつそれぞれのメリット・デメリットを十分に見きわめることが重要だ。

そのうえで、データを信頼できる情報源として維持するためには、確立されたデータガバナンスのもとにデータの整合性・正規性を担保しつつ、日常的なデータ分析と活用を通じて、それらをさらに高めていくことが求められる。

集めやすさ重視では、「データ分析と活用」はできない

データ分析と活用の土台は、兎にも角にもデータである。そこで、データ収集の重要性が指摘されるわけだが、現状では「集めやすさ重視」、いい換えれば業務システムなどから「ダウンロードしやすいデータ」に終始してしまっている印象を拭い去れない。実は、このことがもっと享受できるはずのデータ分析と活用のメリットを減殺してしまっている。

企業がデータ分析と活用を実践するメリットは多々あるが、基本的には「インテリジェンス」「変化対応力」「創造力」の3点を強化することであろう。ところが、「集めやすさ重視」で収集されたデータで、それらのメリットを訴求し、享受できるかというと難しい。ここ

では、その理由を考えていくことにする。

データ分析と活用で享受できるメリットの「1丁目1番地」はインテリジェンス、つまり意思決定のために情報を分析して得られる知見である。データ分析と活用の環境が整備されていれば、企業がビジネスを俯瞰することもできるし、仰視することもできる。そこから課題を抽出して分析すれば、経営の意思決定を迅速かつ的確に導くことができるはずだ。

しかし、基幹システムに蓄積されたデータは、重要性は高いものの、企業活動のごく一部を集約したものにすぎない。しかも、蓄積されているのは実績データである。後述するが、過去の実績データで分析できることは傾向や原因の把握で、できることがかなり限られてくる。そこから現在・未来への知見を獲得するのは、きわめて難しい。

次に「変化対応力」だが、不確実・不透明な時代の中でビジネスの推進力を向上させていくことは、企業にとって喫緊の課題の一つとなっている。多くの企業がデータ分析と活用に期待していることは、この変化対応力の強化だといっても過言ではない。

しかし、そもそも基幹システムとは継続性を担保し、堅牢に管理されているシステムである。柔軟性に乏しく、そこに蓄積されたデータを駆使することでそれが叶えられるかというと、答えは「ＮＯ」である。変化対応力の強化には当然、より多角的で、精度が高い分析が求められるため、「集めやすさ重視」のデータだけでは、それが実現できないことは一目瞭然である。

最後に「創造力」だが、イノベーション創出、ビジネスモデル変革が叫ばれる中で、日本企業に最も欠如しているといわれるのが、この領域だ。

実は、企業全体が組織として創造力を高めるということは、かなり難しい。創造力とは、基本的に「個」に宿っているからだ。したがって、創造力溢れる企業にしたいと考えるならば、創造力を発揮できる人材を増やし、その能力を発揮できる機会や環境を築いていかなければならない。

ちなみに、21世紀に成功を収めた企業の代表格であるGoogleには、「20％ルール」と呼ばれるユニークな制度がある。業務時間の20％を任意で好きなことに使ってよいというルールで、制度というよりも企業文化として定着しているという。

その目的は、すでにおわかりだろう。「未来への投資」である。自由な時間の中で、各人が自分の業務とは直接には関連性のないテーマに「挑戦」し、その学びを通じて得た「経験・プロセス」を仲間たちと共有・議論することで、個々の創造力を企業の「未来への力」に昇華させようというわけである。

最近になって、そのトレンドをキャッチし始めた日本企業もあるようだが、一朝一夕に定着するわけではない。むしろ、効率と生産性を重視するあまり、日本企業の風土には日々の業務をシステム化・マニュアル化する傾向が強い。もちろん、これはこれで大事なことではあるが、日常業務が平準化されればされるほど、人間は既成概念に閉じ込められ、創造力の源泉となる新たな気づきから遠ざかっていく。

その結果、「未来」への可能性の芽を摘み取ってしまうばかりか、早い段階で問題点や課題に気づくことすらできず、「コトが起こってから対応に追われる」という後手の対応が定着してしまっている。リスク管理は「備えあればうれいなし」といわれるが、実は「見えていない課題」をできるだけ早く発見・抽出して、それが顕在化する前に準備や対策を講じ、未然に防ぐことも企業における「備え」の命綱となるはずだ。

このように、創造力の源泉となる気づきは、未来への投資を生むだけではなく、リスク回避においても有効性を発揮する。その気づきを生み出す手段こそ、実はデータへの着眼に他ならないのである。データ分析と活用が業務の日常に組み込まれた常套手段になれば、その傾向やパターンを意識する目が養われ、現状の問題やボトルネックをいち早く発見することもできるだろう。気づきが人間のインスピレーションを刺激し、さらに相互に共有することでブレークスルーも生まれる。データ分析と活用は、このような好循環を生み出す文化でもあるのだ。

ただし、そのためには未来の姿や仮説となるであろう、存在しないデータを新たに生成していくプロセスが必須となり、それこそが創造力を高める唯一の手段である。こう考えると、限られた範囲のデータだけでデータ分析と活用を実践しても、ほとんど意味がないことがおわかりだろう。

「間違いだらけのデータ選び」を正解に導く4つのポイント

いずれにしても、データ分析と活用のメリットを享受するためには、データありきの発想ではなく、目的志向であることが肝要だ。つまり、必要とされるデータは目的によってケースバイケースとなるのである。そこで、今度はデータの特性からデータ分析と活用のメリットを引き出す術を紹介する。

データ収集というと、データの量に注目が集まりがちだが、実はデータ品質、すなわち特性を見きわめることも重要になる。分析を行う際、データ品質は高ければ高いほどよいのは間違いではないが、高い品質のデータを収集するためには、その品質に応じてコスト、労力、時間も高まってしまうことになる。目的に応じて、必要とされるデータの品質を見きわめたうえで、適切なデータを収集する必要がある。

では、データ品質を決める条件とは何か。それは、データの「範囲」・「精度」・「粒度」・

する。

「鮮度」に他ならない。それぞれの特性を踏まえて、データの見きわめ方のポイントを紹介する。

①データ範囲

データの「範囲（Scope）」というと、数学の授業で教えられた「データの最大値と最小値の差」を思い浮かべる方も多いであろう。しかし、データ分析と活用で企業の数字を可視化するにあたっては、少し意味合いが違ってくる。

たとえば、売上を考えてみよう。この場合、年次別・営業所別に売上を比較したところで、目標達成に向けて的確な指示を出すことは難しい。むしろ、経営者であるならば、さまざまな観点から売上数字をチェックして、目標達成の進捗状況やボトルネックを把握したいのではないだろうか。全社の売上や各営業所の進捗状況はどうなっているのか、グローバル企業であれば、連結売上も気になるところだろう。自社の売上の分析を行うのであれば、ERPに蓄積された売上データによって可能ではあるが、グローバルの売上分析となれば、全グループ企業から売上データを収集することが必要となる。

ここでいいたいのは、データ分析と活用におけるデータの範囲では、母数がポイントになるということだ。それは、分析する目的やターゲットによって違ってくる。アウトラインを把握したいのであれば、範囲（母数）は大きくなるし、ディテールに踏み込むのであれば、当然、範囲は狭くなる。それだけに、分析にあたっては目的に応じてどの範囲のデータをどこから抽出してくるのがベストなのかを整理することが肝要だ。

別の例としてＥＲＰに蓄積されているデータをもとに、各部門の業績評価を行うケースを考えてみよう。営業部門の業績評価であれば、ＥＲＰの売上データや売上明細から業績評価を行うことも可能だろう。しかし、マーケティング部門の業績評価を行おうとした瞬間、多くの人は頭を抱えるに違いない。マーケティング部門の売上データなど、ＥＲＰのどこを探してもないからである。ましてや、マーケティング部門が1課から3課まであったとして、どの課がどれだけ売上に貢献したかなど、皆目わからない。

では、「マーケティング部門における売上業績評価」という命題を解くには、どうすればよいのか。ＥＲＰに蓄積されていなければ、他から探してくるしかない。

たとえば、担当する商品エリアやブランドに関するデータを区分し、キャンペーン等の施策ごとに決められたコードと紐づけるなどすることで、プロダクトやブランド、キャンペーンに応じた売上データを集計し分析するのが現実的だ。

そのためには、小売店での販売実績データや代理店などの販売パートナーからのデータ収集も必要になる。さらには、ＳＦＡやＣＲＭに蓄積されているキャンペーンやイベントでの実績データと紐づけることも大切となる。このように、この命題の解を導き出すためには、新たなデータを生成する必要が生じてくるというわけだ。ここでも、データの範囲を十分に意識することがポイントとなる。

②データ精度

「精度（Accuracy）」とは、一般的に測定や理論的推定、近似計算によって得られた値の正確さを意味する。精密部品では、ミクロン単位はもちろんのこと、ナノレベルが求められることもある。一方、家庭の料理などの手際が求められるケースでは、「いい加減」といわれるように、多少アバウトなほうが何かとうまくいく場合も少なくない。

データ分析と活用で扱うデータも同じである。アウトラインを把握したい場合と、ディテールを掘り下げたい場合では変わってくる。

たとえば、1兆円規模の企業において、過去10年間の売上傾向を月次で分析する際、1円単位のデータは必要だろうか。実際には、ほとんど意味をもたないだろう。グラフで傾向をつかむのであれば、億円単位くらいが妥当であるはずだ。逆に、各営業担当者の実績を1億円単位で比較しても、結果を見た人は情報を得られないはずだ。グラフにするとほぼ全員の実績がゼロになってしまうからだ。

では、債務管理に関する分析ではどうなるのか。義務という意味合いを内包している債務においては、1円単位での正確性が求められてくる。

このように、データ精度が細かすぎればデータの収集に無理・無駄が生じるし、逆に粗すぎても分析ができないため、データ分析と活用を行う際には、目的やターゲットに応じたデータ精度が求められる。とくに、グラフやチャートで表示しようとするならば、どのレベルのデータを使えば理解しやすいかなど、適切なデータ精度を十分に見きわめる必要があることを覚えておいていただきたい。

③データ粒度

「粒度（Granularity）」という言葉は元来、粒の大きさの測定などを行う物理の世界で使われてきたが、一般ビジネス用語としては詳細さの度合いを表す尺度として使われている。

そこで、データ分析と活用において求められる「粒度」だが、それはデータ管理にもとづく細かさ、およびデータを管理するルールに依存する。まずは、このことを認識していただきたい。

たとえば、売上分析で最もよく使用されるのが売上明細であろう。件名・納品先・伝票コード・取引先コード・売上日・数量・単価・消費税額・税抜金額・税込金額など、売上に関するさまざまな項目が一覧として並んでいる。

では、仕入先別の売上分析をしたい場合、この売上明細には通常仕入先の情報が含まれていないために、分析を行うことができない。分析を行う目的（ここでは仕入先別の売上分析）を達成するために必要なデータは、必要とされる粒度（ここでは仕入先コード）が求められてくる。

また、このうちの「取引先コード」は、何を意味するのか。もちろん、取引先を識別するためのコードだということはいわずと知れたことである。しかし、データ管理のルールがどうなっているかまでは知らないことも多い。一言で取引先といっても、法人単位で管理しているのか、事業所単位なのか、部署単位、あるいは担当者単位かもしれない。ここがデータ分析と活用において留意しなければならない「粒度」である。

ところが、企業におけるデータは、これらのルールに準拠せずに、取引先コードが付与されているケースも少なくない。取引先を「企業単位」という分析軸で分析したつもりが、同一の取引先に「会社名」と「部署名」という複数のコードが混在していたら、分析ツールは同一企業とは識別できず、結果的に正しい売上やコストを把握することはできない。

それだけに、データ分析と活用においては、このデータ粒度という考え方がきわめて重要となる。それは顧客データにしても、商品データにしても、すべてのデータで同様だ。粒度を揃えて分析しなければ、分析軸そのものがぶれてしまう。そうなると、分析の意味がないばかりではなく、企業活動そのものにも支障をきたしかねないのである。

④データ鮮度

「鮮度」といえば寿司屋のネタを連想される方がいるが、最近ではデータにおいても鮮度、すなわちリアルタイム性を求める傾向にある。変化が激しいビジネス環境にあって、より迅速な経営判断が求められるようになってきたからに違いない。いい換えれば、「変化対応力」ということだが、それは数字的な裏づけがあってこそ、なせる業でもある。

数字というと、多くの経営者や企業人は財務諸表や決算書を思い浮かべることだろう。しかし、実はそこにデータ鮮度が求められている数字は皆無である、といってもよい。決算書は会計年度ごとに作成することを義務づけられている書類で、正確性は求められるものの、そもそもリアルタイム性が求められるものではないからだ。財務諸表も同様に、ステークホルダーに対して一定期間の経営成績や財務状態などを明らかにすることを目的としている。

では、経営の舵取りをするための数字はどうだろうか。たとえば、ＲＯＡ、ＲＯＩ、ＥＢＩＴＤＡなどのＫＰＩである。多くの経営者は、これらを意識し、チェックしながら、日々の経営判断を下していることだろう。当然、利用するデータは新しいに越したことはない。

新しいデータで分析したほうが、その時点で最も正確な状況把握が可能になるからだ。

実際に、当社にも「ＫＰＩを経営ダッシュボードで可視化したい」という要望が山ほど寄せられている。そこでは、いつも時間軸をどうするかということが議論の的となる。１年前のデータでは意味をなさないため、月次・週次・日次というように、徐々に時間軸をずらしながら、メリットとデメリットを見きわめていくのである。それは裏を返せば、どれだけの頻度で更新されたデータを収集してくるかということでもある。

とはいえ、ある程度の結論は自ら出ているといえる。たとえば、これまで年次で行っていたＲＯＩのチェックを、もっと短いサイクルで実施したいという要望があったとする。しかし、現実問題として、ＲＯＩを日次でチェックして何か意味があるものになるのだろうか。サイクルを短くするにしても四半期、せいぜい月次がいいところであろう。

また、データ収集にしても、データ分析と活用にしても、リアルタイム性が求められるほど、しくみの構築を含めて難易度が高くなる。たとえ日次でデータ収集するしくみができたとしても、いわゆる仮説・検証ができないため、分析のロジックやアルゴリズムに無理が生じてくるのだ。

このように、トップマネジメントにかかわるデータ分析と活用において、リアルタイム性が必須となることはきわめてまれといえる。ただし、データ分析と活用を業務の進捗管理までを含めた広義な視点でとらえるならば、今後、リアルタイム性は間違いなく重要な要素になっていくはずである。

その代表例が、リスクマネジメントの領域である。工場の不良品発生率やライン停止などは、企業の収益に直結するばかりか、企業としての信頼性やビジネス機会の損失にもつながる恐れがある。それだけに、可能な限り早い段階で把握して原因究明を図り、損失を最小限にとどめる策を講じなければならない。

また、製造現場や建設現場などを中心に、最近、「臨場」という言葉がキーワードになりつつある。現場の画像や映像を本社サイドの設計部門や営業部門、研究開発部門と共有して、進捗管理を最適化しようとする動きである。

さらに、ロジスティクスの中核拠点となる物流倉庫などでは、自動化技術との融合を前提として、従業員の生産性を向上させる取り組みが活発に展開されている。

上記の例には、現状ではデータ分析をともなっておらず、管理・監視にとどまっているケースも少なくない。ただし、すでにリアルタイムデータを生成・収集するしくみが構築されつつあることは事実である。それは、任意のタイミングでデータ分析と活用を実践できる環境が整いつつあることをも意味する。

実は、そこへの渇望は古くからあって、１８７８年にアメリカのカフェで生まれたレジを起点とするＰＯＳは、その後、コンピュータや通信の進化により、販売時点情報管理ができるＰＯＳレジシステムとなり、いまではスマートフォンやタブレット端末で利用できるようになっている。それは、リアルタイム分析がベストかどうかは別にして、日次・週次・月次を含めて、最適なタイミングで分析を行うことが可能になっている証でもある。

ただし、ハードルもある。大手小売企業であれば、ＰＯＳを含めて販売管理にかかわるシステムは山ほどある。そうなると理論上、一つのＰＯＳシステム単位ではリアルタイム分析はできるかもしれないが、実際に経営に資する分析を行う場合、多くの販売管理系システムからデータを抽出し、クロスさせて分析する必要が生じる。その必要性・必然性を含めて、方法論やＲＯＩを検討していくことが、データ分析と活用の有用性を左右する。

いずれにしても、今後、リアルタイムデータの分析を通じてデータ分析と活用における未知の領域が拓かれていくことは間違いない。いつの日にか、トップマネジメントにかかわる手法・方法が確立され、さらなる相乗効果が生まれていくことだろう。まだまだ過渡期ではあるものの、データ鮮度への期待と重要性が高まってきていることは確かである。

「過去・現在・未来」のどこにフォーカスすべきか⁉

目的志向でデータ分析と活用を実践するためには、時間軸のとらえ方も重要になる。「過去・現在・未来」のどこにアプローチするかによって、それぞれ目的も違い、分析すべき内容も変わってくるからだ。ここからは「過去・現在・未来」という3つの時間軸からデータをとらえて、それぞれのアプローチにおいてできるデータ分析と活用の領域について考えてみたい。

「過去・現在・未来」という視点はいずれも重要ではあるが、結論からいえば、より経営に資するデータ分析と活用を実践するためには、過去よりも現在や未来にフォーカスすることが肝要だ。その理由は後述するが、要は経営者が的確な舵取りを行うための意思決定には、現在における問題・課題をより早く知ること、そしてデータにもとづいた仮説・検証で将来や未来における予測を行うことが、より重要になるからだ。

同時に、データ分析と活用を通じて先の「インテリジェンス」「変化対応力」「創造力」を訴求するためには、常にアクションをともなう必要がある。そのアクションは当然、現在における課題解決や未来へ向けての取り組みに他ならない。過去をいくら分析しても、答えはなかなか出てこないからだ。

とはいえ、現実に目を向けてみると、ほとんどの企業のデータ分析と活用は、過去をクローズアップすることに終始している。その理由はいうまでもなく、「集めやすさ重視」の発想で、基幹システムなどに蓄積された実績データ、すなわち過去データに対するデータ分析と活用にとどまっているからである。

また、データ分析と活用の難易度は、過去より現在、現在より未来へアプローチをするごとに高まっていく。そのハードルは多々あるが、決して高度な分析スキルが求められるという人材面の問題だけではない。分析と活用にともなう「環境」も、さらなる充実が求められる。

環境を構築するためには、綿密な計画や戦略が前提になるし、ＲＯＩを踏まえた投資も必要になる。その詳細については第5章の「ツール編」を参照いただくとして、一言でいえば、現在と未来の分析と活用を実践する際には、「データの発生源（データソース等のデータ収集基盤）」「データの蓄積場所（データベース等の情報基盤）」「データを分析と活用する方法（分析ツール等のデータ活用基盤）」のそれぞれにおいて、求められる環境整備が異なるということである。

以上を踏まえて、データ分析と活用における「過去・現在・未来」へのアプローチ方法の

図3-1　データ分析と活用における「過去・現在・未来」へのアプローチ

時間軸	分析タイプ	主な分析手法	表現例
過去	傾向／原因分析型	・多次元分析 ・時系列推移 ・明細ドリルスルー	・折れ線 ・棒
現在	問題発見型	・前年対比 ・計画／予算対比 ・先行指標管理 ・改善指標モニタリング	・シグナル ・アラート
未来	シミュレーション型	・着地予想 ・見込／案件管理 ・為替予測 ・市場予測	・シグナル ・ウォーター フォール

構築の難易度

意義と課題を紹介する。これを表したのが、図3－1である。

「過去」へのアプローチでできることは、傾向・原因の把握だけ

先に述べた通り、現在におけるデータ分析と活用への取り組みの多くは、ERPを中心とする基幹システムに蓄積されたデータをターゲットとしている。当然ながら、ERPなどの基幹システムには実績データ、すなわち過去の企業活動を通じて得た結果が蓄積されている。

このような過去データを基軸とした分析手法としては、多次元分析、時系列推移、明細ドリルスルーなどがある。

多次元分析は、商品や顧客、取引先などの各データを属性別に集計し、さまざまな角度から

傾向を把握するための手法である。結果をグラフ化することで、現状を俯瞰し、問題点を浮き彫りにする。

時系列推移は、言葉の通り、複数のデータの増減・傾向・進捗などを時間軸で並列比較する手法である。時系列でデータを把握することは、分析の基本中の基本といわれるだけに、複数の営業担当者の成績や商品別の販売推移などを週次・月次・年次で比較し、チェックすることなどに用いられている。

明細ドリルスルーとは、集計・分析結果の源泉となった明細データを表示させる手法である。ドリルスルーで明細表示を行う際には、あらかじめドリルスルー条件（ドリルスルーシナリオ）を設定する必要がある。たとえば、顧客別売上データを集計した後、特定の顧客について、明細レベルで原因を確認する際に用いられる。

なお、似た言葉でドリルダウンがあるが、これはデータの集計レベルを一つずつ掘り下げて集計項目をさらに詳細にしていく手法である。たとえば、都道府県別に見ていたデータを市町村別に集計し直すといった際に用いられる。

このように、データを俯瞰することによって傾向やボトルネックなどの原因を探り、抽出・把握することは、経営の基本である。しかし、これらを分析と呼んでよいのだろうか。むしろ、「集計」に近いように思える。

そのため、アウトプットされた結果を見たところで、「So What?（だから何？）」に陥りがちだ。これでは、次なるアクションを見出し、実行に移すというデータ分析と活用の成果に結びつけることは難しい。問題解決のための仮説を設定しようにも、傾向や原因を知っただけでは、経験と勘で判断を下すしか術がないからである。業績推移を月次でグラフ化して検討したところで、納得して終わるか、せいぜいボトルネックとなっている部門に「はっぱをかける」くらいが関の山だろう。

このような集計の領域に限るならば、いままで通り、Ｅｘｃｅｌに任せておけばよい。しかしながら、Ｅｘｃｅｌは大量データの処理には向かないため、ＢＩツールを導入し、それに依存してしまっている企業が多いことも事実である。ここは発想の転換を図り、集計から分析へと駒を進めていただきたい。

「現在」へのアプローチのポイントは、課題の喚起と抽出

企業が直面している課題には、すでに顕在化しているものもあれば、まだ気づいていない潜在的課題も少なくない。データ分析と活用における現在へのアプローチは、前年対比、計画／予算対比、先行指標管理、改善指標モニタリングなどを通じて、この両方の課題を見き

わめ、早期アクションにつなげることをねらいとする。

顕在化している課題についてのアプローチは明瞭だ。ＢＩツールには経営指標のモニタリング状況を可視化して経営者に一覧表示する「経営コックピット」「経営ダッシュボード」が用意されることが多い。注意喚起のためシグナルやアラートを発することが、頻繁に行われている。

また、経営指標には、目標を達成するための施策や活動の実施状況を測定する「先行指標」と、目標への到達度合いを測定する「結果指標」があるが、これらの進捗状況・達成状況を経営者がいち早くキャッチして、軌道修正を図るという役割を担いつつある。

一方、潜在的課題の抽出には、いまなお多くの企業が苦慮している。しかし、「現在」へのアプローチにおけるデータ分析と活用の肝は、むしろここにあるといっても過言ではない。その鍵を握るのは、やはり「改善指標モニタリング」だ。企業課題がどの程度解決したのか、どれぐらいアクションが実行されたのか、その効果を測定するための指標を定義し、適宜モニタリングを行っていく。そこから気づきが生まれ、「解」へとつながっていくからである。

このことを、データ分析と活用の実践においては常に意識し続けていくことが大事だ。

「未来」へのアプローチこそ、「データ分析と活用」の本流

本書の最大のねらいは、経営に資するデータ分析と活用のあり方を追求し、データを基軸とした客観性とリアリティに立脚した経営の意思決定により、データドリブン経営を実現することにある。その意味において、やはり最も重要な領域は、将来予測を踏まえた未来へのアプローチだと考えられる。

将来予測というと、「シミュレーション」という言葉を連想する人も少なくないだろう。そのため、非構造化データを含めたビッグデータを収集・探索・分析し、統計解析やＡＩ解析などを駆使して、専門家による新しい分析手法が必要になるとのとらえ方がなされている。しかし、決してそれだけが将来予測ではない。

というのも、あらゆる企業は例外なく、見込管理・案件管理に注力しているからだ。年度末が近づいてくると、経営者が各部門に対して今期の「着地」をしつこく確認することは、恒例行事になっているはずだ。日々の会議においても、この見込みの数字が主要テーマとなることも多い。それくらい、経営者は将来予測に注視しているのである。

ところが、各部門が作成している「着地」の数字が統計解析やＡＩを使って作成されてい

るかというと、当たり前のことだが、決してそうなってはいない。今月の売上見込や案件単位の予定といった数字は、担当者の頭の中にある仮説をもとに、Ｅｘｃｅｌファイルなどとにらめっこしながら、ある程度の希望的観測も含めて作成され、経営トップに報告されているというのが実情だろう。つまり、企業で使われている見込管理・案件管理の数字は、十分に客観性がある数字であるとはいい難く、担当者の経験と勘、ときには思惑が含められた主観的要素が組み込まれた数字といっても過言ではないのである。

実は、この領域をデータ分析と活用によってシステマチックにするだけで、企業における将来予測の質と範囲はまったく違ったものになり得る。たとえば、案件によって受注の状況や成約へ向けての確度は千差万別だが、担当者の頭の中にある情報をルールにもとづいてＳＦＡ等のシステムに入力するしくみを構築するだけでも、そこにデータが生まれ、分析可能な状態になっていく。もちろん、入力に依存するだけに、当初は想定した分析精度を追求し切れないかもしれないが、そこは運用でのカバーや携わる社員のデータリテラシーを高めることで、十分に補うことができるはずだ。

このように、将来予測を基軸とする未来へのアプローチは、間違いなく難易度は高くなるものの、経営においては必須のデータ分析と活用といえる。

「課題解決」へと導く、情報のパイプラインとは⁉

営業活動における一連の業務フローをパイプに見立て、分析や改善を行うマネジメント手法を「パイプライン管理」という。実はデータ分析と活用においても各プロセスを切り出し、時系列で状況を把握するパイプラインの考え方が重要な鍵を握る。

ここでは、それを「情報のパイプライン」と呼ぶことにする。とくにこの考え方が求められるのが、前項で述べた将来予測である。将来予測に確からしさをもたせるためには、最終結果としての業績に至るプロセスを分解し、上流にさかのぼって課題が存在しないか、予定通り進捗しているかを検証していく必要があるからだ。

図3-2は、技術革新をコアコンピテンシーとする大手BtoBメーカーの「製品ライフサイクル」を切り口に、「計画系データ」と「実績系データ」のポジショニングを表した一例である。

この会社では、新製品を発売する際、顧客窓口である営業部門が、顧客が抱えている課題やニーズを抽出し、それを解決する製品として提案することからスタートする。そして顧客の納得を得たうえで案件化し、設計・開発フェーズへと移り、顧客からGOが出た時点で、

図3-2　製品ライフサイクルにおける「計画系データ」と「実績系データ」の例

製品ライフサイクル		計画系データ	実績系データ
営業	案件（新規）	Excel（P／L予算）	SAP/DIVA（会計）
	受注（新規）	SFDC	—
設計開発	試作品費用	プロセス自体なし	プロセス自体なし
	金型費用	コスト計画なし	SAP（BOM）
	設計開発工数	コスト計画なし	SAP（プロジェクトとの関連づけなし）
	設計開発工程	コスト計画なし	部門別管理のみ
生産	資材購買	PLM	PLM
	生産数	SAP（MRP）	SAP（MM）
	工程	Excel（生産計画）	MES/SAP
	工数	Excel	MES
	原価	Excel（標準原価）	MES
	不良	SAP（標準原価）	SAP（実際原価）
	在庫	—	Excel（不良品報告）
営業	案件（量産）	適正在庫なし	SAP（MM）
	受注（量産）	SFDC（見込み）	—
	売上	Excel（販売計画）	SAP（SD）
全社	P／L	Excel（販売計画）	SAP（SD）

情報の流れ

生産フェーズで量産され、再び案件化され、受注・納品して初めて売上として計上される。これがこの会社の製品ライフサイクルとなっている。

ここで問題となるのが、計画系データと実績系データの差異である。■がシステムによりデータ化されている領域、□が個別システムでデータ化されている領域、■がプロセスや計画がなされていない領域を表しているが、とくに計画系データにおいて■が目立っているのは一目瞭然だ。

計画系データ自体が存在しないのであれば、いわゆる予実管理はもとより、前述した問題・課題の把握自体が不可能ということになる。

そこで、めざすべき姿だが、製品ライフサイクル上の各フェーズにおいて、計画系と実績系のそれぞれにて策定・捕捉されなければならない予実管理において、共通言語としてのデータをもつことに他ならない。いうなれば、計画系・実績系ともに少なくともデジタル化され、データを生成する環境を整備することだ。

とはいえ、企業における予算データはＰ／Ｌ（損益計算書）、Ｂ／Ｓ（貸借対照表）、Ｃ／Ｆ（キャッシュフロー計算書）にも記載されているが、実際にはそれはほんの一握りである。現実問題として、計画系を含めた企業の予算データは、少なく見積もっても本社だけで数十種類には及ぶはずで、子会社・グループ会社を含めれば、相当な数量・種類となる。

それだけに、一足飛びにすべて▩に転換するには膨大なコスト・時間・労力を要することになるだろう。それが無理ならば、まずは▨を増やすことから着手すればよい。

その際に、ツールの選択肢は決して一つではない。Ｅｘｃｅｌもあれば、予算管理ツールもあるし、最近のＥＲＰには計画系モジュールも備わっている。むしろ、企業の戦略の中にどう位置づけるかによって、選択すべきツールも違ってくる。そのあたりの詳細については、第５章のツール編を参考にしていただきたい。

成功に導くデータ環境整備のスコープとは!?

本章では、これまでデータ分析と活用においては、「発見」「原因究明」「アクション」を三位一体で定量的にとらえ、構造化データや非構造化データといったそれぞれのデータの特徴に着目しつつ、目的に応じてデータの「範囲」「精度」「粒度」「鮮度」を見きわめることが重要である、と説いてきた。

当然ながら、これらを考慮したデータドリブン経営を実践するためには、データ環境を整備する必要がある。図3-3は、縦軸を「業務領域」、横軸を「事業領域」、奥行きをデータ環境の「整備ステップ」として、データ分析と活用のスコープを表したものである。

ここに描かれた立方体を押し並べて整備することがデータ分析と活用を推進するにあたっての理想であり、めざすべきゴールとなるが、コスト・時間・労力を含めて、そう簡単にはいかない。それだけに、多くの企業は「どこから手をつければよいのか」という現実に直面すると思われる。

その際に考えるべきポイントとしては、「重要性に応じて段階的に適用していく」ことだ。

図3−3　データドリブン経営のために整備すべきデータ分析と活用のスコープ

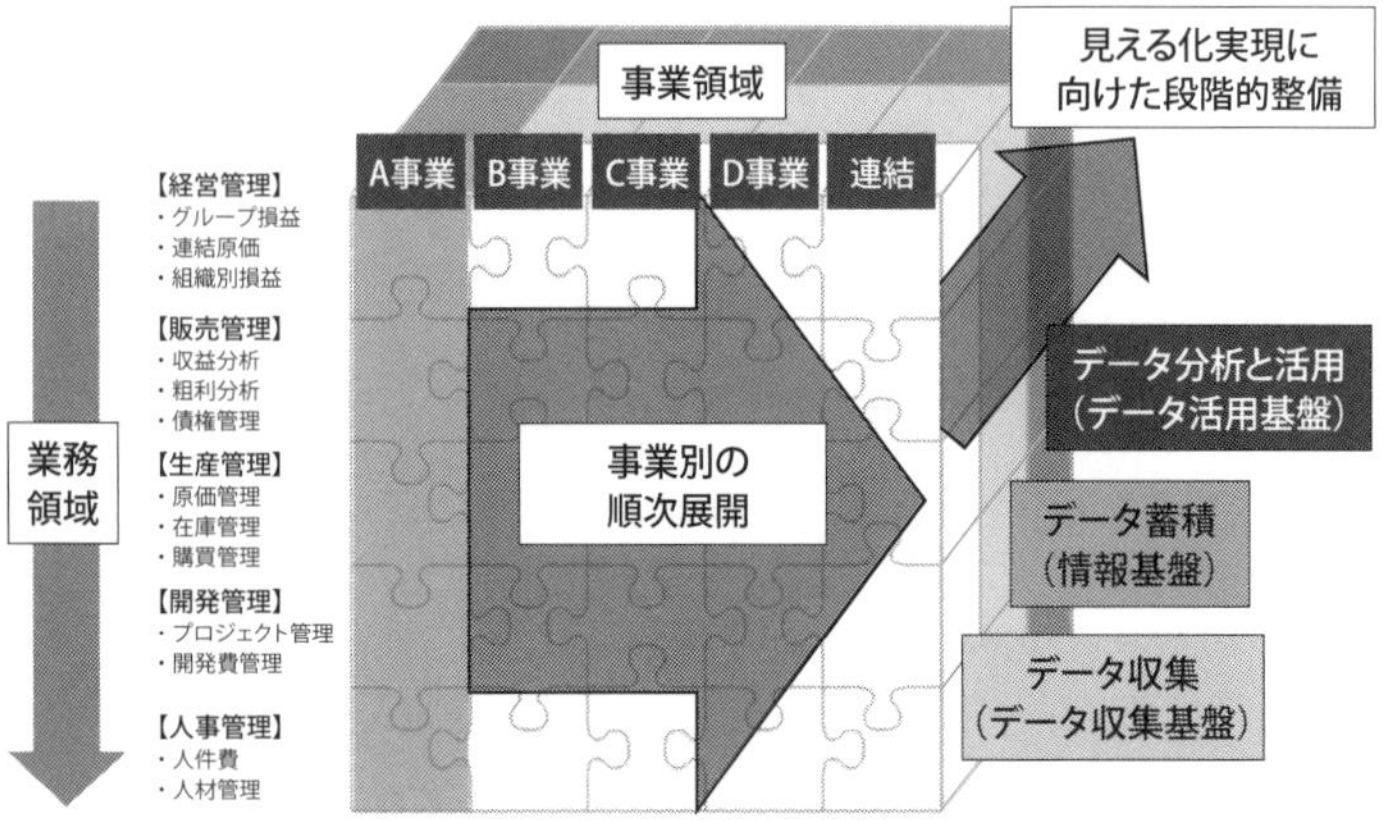

どこに「重要性」を置くかは企業によってまちまちであろうが、要は図に描かれているパズルのピースを一つひとつ、つながりを意識しながら埋めていけばよい。まずは特定の事業や業務で小さく始め、成功体験を積み重ねていくことである。

実際には、これだけでも一筋縄ではいかないだろう。しかし、実践を通じて顕在化した課題や方向性を試行錯誤しながらブレークスルーしていけば、いずれは「これだ」と思える成功体験を得られるはずだ。それをベストプラクティスとして、順次、つながりがある次のピースで横展開を図っていくことが、遠回りのようで、実はデータ分析と活用を成功に導く最短距離なのである。

「段階的に」とは、「スモールスタート」と同義にとらえてよい。スモールスタートはＰｏＣ（概念実証）を前提とするＡＩプロジェクトなどで注目を集めている手法だが、データ分析と活用の分野において、この方法論は長い歴史をもっている。その意味で、データ環境を整備するにあたっては、スモールスタートで臨んでいただきたいと切に願う。リスクが低いだけではなく、大きい効果も得られると実感できるからである。

なお、データ整備にあたっては、データの発生源をベースとする「データ収集」、日々蓄積されて膨大化していくデータの取り扱いを踏まえた「データ蓄積」、そしてデータを基軸として経営の意思決定や日々の業務に反映させる「データ分析と活用」という３つの角度があることも忘れてはならない。

そこで、ここでは３つの角度にもとづいたデータ環境整備のポイントについて解説していくことにする。

「データ分析と活用」のはじめの一歩は基幹システム統合

まずは「データ収集」の視点から、基幹システムにおけるデータ整備について考えていく。

データ分析と活用は、収集・蓄積されたデータから知見・洞察を導き出して経営判断やビジネス戦略、課題解決などに寄与することを目的としているが、そのためのデータの源泉の一つとなっているのが、企業が遂行する日々のビジネスを支えている基幹システム（データ収集基盤）である。

販売管理、購買・在庫管理、会計管理、生産管理など、多彩な機能をもっているため、データ分析と活用におけるデータ収集の発生源としても重要性を増している。その意味で、データ分析と活用の第一歩は、この基幹システムの「整備・統合」が鍵を握っているといっても過言ではない。

多くの企業が国内のみならず、海外にも多くの子会社を設立している中で、グローバルでの経営分析を行うのであれば、当然、各子会社からのデータも収集する必要がある。子会社が独自にシステムを構築し、運用している場合、データ収集は困難をきわめる。当然ながら言語は所在国の言語であり、そのシステムも所在国のベンダーに構築されることが多い。そのため、英語であればともかく、中国語やアラビア語で構築されたシステムのデータを収集して果たして適切な分析が可能となるか甚だ疑問である。また、そのシステムからデータを収集するインターフェースのしくみを構築する必要があるが、所在国の構築ベンダーに依頼するにしても、かなりハードルが高いことは容易に想像できるであろう。

そこで注目されているのが、これまで個別に構築されてきたシステムの機能・サービスを統合化することで、企業のもつあらゆる資源を一元管理し、全体最適の発想のもとに経営計画に役立てていこうとするＥＲＰである。

現在では、多くの企業が業務の効率化や標準化、経営の見える化（可視化）とスピードアップなどを採用理由として、基幹システムをＥＲＰ統合基盤として構築している。ＥＲＰ統合基盤の採用理由は、実はデータ分析と活用がめざしている領域と大きく交わっていることがわかる。とくに経営の見える化（可視化）やスピードアップについては、まさしくデータ分析と活用と表裏一体の関係にあるといってもよい。

では、現実問題として、その整合性は取れているのだろうか。乖離は生まれていないのだろうか。次に、そこを検証しつつ、データ環境におけるデータ収集源としての基幹システムに着目し、整備するに際してのあるべき姿に迫ってみたい。

ERP導入に「Fit to Standard」が求められる理由

Fit to Standardという言葉をご存知だろうか。

基幹システムの構築においては、ソフトウェアであるＥＲＰパッケージの利用が一般的であるが、従来のＥＲＰ導入においては、パッケージに用意されていた標準機能（サービス）を、自社の業務に合わせてアドオン開発・カスタマイズして導入する方法が主流であった。この方法は導入するシステムが自社の業務プロセスに及ぼす影響を最小限にし、機能・サービスの過不足、使い勝手などをチェックし、より完成度の高い基幹システムを実現することが目的だ。いわゆるFit and Gapという考え方で、１９８０年代における日本企業のＥＲＰ導入は、ほぼこの考え方に従って構築されてきた。

これに対して、Fit to StandardはすでにＥＲＰに備わっている標準機能をベストプラクティスとし、そこに自社の業務プロセスを合わせていくという考え方だ。

なぜ、いまさらFit to Standardなのか。それは、多くの企業がデータ分析と活用を志向するようになってきたことと大きく関係する。

そもそも、ＥＲＰはサイロ化（自己完結）されていた各種システムを統合し、データの集中管理・リアルタイム管理を可能とすることをめざしたしくみであった。ところが、前述の通り、多くの日本企業は自社独自の業務プロセスや日本独自の商習慣に合わせることを優先し、アドオンといわれる膨大な追加開発を繰り返してきた。ＥＲＰで構築した基幹システム自体が肥大化・ガラパゴス化してしまっているのが現状だ。

その結果、データ分析と活用を実践しようとしても、データの抽出・収集にさまざまなハードルが生じ、基幹システムの構造自体が足かせとなってしまっている。つまり、リアルタイムに経営状況を把握・分析するためのしくみであるＥＲＰのメリットをまったく享受できないレガシーシステムとなってしまっているのだ。

このように、基幹システムの領域の刷新は喫緊の課題となっているが、その解決策としてあらためて脚光を浴びつつある考え方が、Fit to Standardといえる。その理由は明白だ。ＥＲＰならではの短期導入を可能とするとともに、定期的なバージョンアップを通じて最新機能をいち早く活用できるからだ。グローバル経営という観点からも、ＥＲＰの標準機能をベースとすれば、データの互換性を担保できる。

2層ＥＲＰも選択肢の一つ

子会社にはさまざまな業種、形態、規模の会社が存在している。そのすべての会社に親会社と同じＥＲＰを適用することは、はたして適切なのであろうか。親会社に適用されるＥＲＰパッケージは、ＳＡＰ Ｓ／４ＨＡＮＡをはじめとする大企業向けにつくられた非常に高価であり、かつ、複雑なシステムである。もちろん、同じ製品を使用することでデータ集約や、プロセスの統一といった大きなメリットが存在することは確かであるものの、子会社の中には、従業員が10人程度の規模の会社も存在するのであれば、そのような会社にそのような製品を適用して、本当にコストメリットが出るのか疑問である。また、その子会社でシステムを運用する手間がとてつもなく大きくなってしまうなどの懸念もある。

それを回避するための方法の一つとして、グループ会社の規模に応じて2つのＥＲＰ製品を適用するという2層ＥＲＰの考え方がある。親会社と同規模もしくは現地法人といった重要拠点には親会社と同じＥＲＰを適用して、それ以外の中小規模の子会社には、中規模向けの比較的安価なＥＲＰを適用することで、部分最適を図るというものである。

以前であれば、オンプレミス環境で各拠点に赴いてＥＲＰ導入を行っていたが、現在のＥＲＰパッケージのほとんどがクラウド型での提供が一般的となったことで、違うＥＲＰ製品の導入のハードルはかなり低くなっている。また、データ集約もクラウド上に集約されたデータを統合するだけとなるため、その構築コストも比較的安価といえる。

「情報基盤」と「データ活用基盤」

基幹システムにおけるデータ統合環境の整備が完了した後、次に着手すべき構想は情報基盤ならびにデータ活用基盤の整備となる。前者の情報基盤とは、ＤＷＨやデータレイクを使ったデータの蓄積方法のことである。後者のデータ活用基盤とは、ＢＩツールに代表されるデータ分析と活用のためのツール群を意味する。

　昨今のデータベースは、データの蓄積方法もストレージ蓄積型からメモリ蓄積型のインメモリ形式となり、また、従来型のデータベースと異なるカラム型志向のデータベースが主流になりつつあるため、データベースの処理性能が大幅に向上している。これまでのデータベースでは蓄積するのがやっとのところであったものが、いまでは、ペタバイト級のデータを蓄積し、分析を行うことが可能となった。さらには、一昔前では、ハードウェアの調達から始まり、ＯＳの導入、アプリケーションの導入まで数ヶ月にも及ぶ作業が必要となっていたことが、現在ではＡｍａｚｏｎ、Ｍｉｃｒｏｓｏｆｔ、Ｇｏｏｇｌｅといった大手ＩＴベンダーのクラウド型データベースの提供により、ものの数分で高性能のデータベースの導入が可能となり、すぐにでもデータを累積し分析できる環境を整えることができるようになった。

　また、これまでのデータベース上でのＤＷＨ構築は、ソースデータから正規化されたＯＤＳ（Operational Data Store）を作成し、そこからスタースキーマ型のＤＤＳ（Dimensional Data Store）をＤＷＨに蓄積する。さらに集約が必要な場合にはデータマートを作成し、最後にＣｕｂｅ（多次元データベース）に展開するといった複雑な手順を踏んでデータを分析に適したものに加工して蓄積することが必要であったが、データベースの性能向上により、明細データ（ＯＤＳ）を格納しておけば、そこからクエリ処理による直接参照がある程度可能となり、中間データベース（データマートやＣｕｂｅ）の構築の手間も大幅に簡略化可能となっている。

さらに、データベースの性能向上はＥＲＰ側も恩恵を受けるため、情報基盤の構築を行うことなく、ＥＲＰのデータを直接参照することにより、リアルタイムでデータ分析を行うことがある程度可能となっている。しかし、この方法にも注意は必要である。ＥＲＰは本来販売業務や購買業務といった業務処理を行うためのシステムであり、分析に適したつくりとなっていない。そのため、データ構造は分析に適した構造になっておらず、直接参照を行ってもどこにどのようなデータが格納されているか、専門家でない限り判別がつかない。また、パフォーマンスの問題もある。データ分析を行うということはそのシステムのリソースを使用することを意味しており、データ分析にリソースが取られ、肝心の業務処理が遅くなるなど支障をきたすようであれば、本末転倒である。ＥＲＰへの直接参照は、各業務のトランザクションの明細参照程度にとどめておき、本格的な分析はやはり情報基盤を用意して、そこで分析を行うべきであろう。

「基幹システム統合」「情報基盤構築」の２つのステップを踏んで、初めて「データ活用基盤」、いわゆるＢＩツールの導入が生きてくるという点が重要である。この２つのステップを踏まずにＢＩツールを導入することも可能ではあるが、分析可能な範囲がかなり限定されてしまい、本来めざすべきデータ活用はできないものと認識すべきであると考える。

第4章

「データ分析と活用」の本質論（組織・人材編）

——求められる組織とリテラシー＆スキル

データドリブン経営を実現する組織と人材

本書の目的は、データ分析と活用の取り組みを正しく導き、真のデータドリブン経営への礎を築くことである。あえて「真の」としたのは、これまでのデータドリブン経営の多くがテクノロジー主導で展開されてきたように感じられるからだ。

もちろん、ビッグデータを駆使できる環境が築かれた背景に、さまざまな技術革新があったことはいうまでもない。そのような環境を整備して、企業が課題解決や戦略策定、意思決定の手段として膨大なデータを活用することは、いまや必然となりつつある。

しかし、データに裏づけられているにもかかわらず、アクションや意思決定が結果的に誤った選択になっていることが少なくない。むしろ、定量化というバイアスによって人間ならではの洞察力や判断力が排除されてしまい、データから得られる情報の価値を薄めている傾向さえある。

たとえば、いまや多くの企業がデータ分析と活用を通じてＣＳＦ（重要成功要因）、ＫＧＩ（重要目標達成指標）、ＫＰＩ（重要業績評価指標）といった管理指標を把握しようとしている。

ところが、そのことによって数字の達成が目標となってしまい、結果として企業が本質的に追求すべき目標や理念から逸脱してしまっているケースも少なくない。ここに数字で管理することの難しさがある。データドリブン経営につきまとう普遍的な課題といっても過言ではない。

そこで求められるのが、「組織」と「リテラシー」である。

組織とは、いうまでもなく、共通の目標や理念に向けて協働を行う集団であり、そのためには役割・機能・権限の分化と、統制・統合が必要となる。

一方のリテラシーは「個」に宿るものであり、古くは「読み・書き・算盤」、現在では一般的に「特定分野における知識や能力を活用する力」を指し、ビジネスにおいては「情報を適切に理解・解釈して活用する能力」というニュアンスが強い。

組織は「集団」、リテラシーは「個」という違いはあるものの、いずれも人間によって構成されている。集団とは、個の集合体に他ならない。それだけに、この2つを両輪もしくは表裏一体の関係にすることによって、初めてデータと人間が融合する。やはり、データ分析と活用においても人間主導で実践していくことが、成功の鍵を握っているのである。

そこで、本章では組織とリテラシーを両輪としてデータ分析と活用を実践する「データカルチャー」の醸成方法について考えてみよう。

データドリブンな組織とは何か

データ分析と活用に取り組む体制は、基本的に①専任組織型（ＢＩＣＣ）、②情報システム部門配下型、③現業部門配置型の３つのタイプに大別できる。それぞれ、メリットとデメリットがあるので、まずはここから整理してみたい。

専任組織型（ＢＩＣＣ）

ＢＩＣＣ（Business Intelligence Competency Center）は、ＢＩの効果的な活用を組織全体に浸透させることを目的として、そのためのタスク・役割・責任・プロセスを定義し、集約させた部門横断型の分析専門チームである。

当初は、データウェアハウス（ＤＷＨ）の普及にともない、エンドユーザー（現場）にデータ分析の基盤となるＤＷＨの存在を認知させ、投資効果を高めることを目的としていたため、ＤＷＨの導入が進んだ２０００年代後半から、主にＤＷＨの分析作業代行と啓発活動を柱として、多くの企業が組織内に立ち上げた。現在では、現場起点のデータ分析と活用を実現するための組織として、より広範囲な機能をもち始めている。

ＢＩＣＣのメリットは、分析スキルの高いメンバーを少数精鋭で集めれば、比較的、容易に組織化できるという点にある。しかし、ＢＩＣＣを設置すれば、ただちに効果が得られるかというと、決してそうではない。データ分析と活用を推進するトリガーにはなり得ても、実際にＢＩＣＣが機能して、推進力となっている企業は決して多くないのが実情である。

そのことは、現場の分析ニーズを吸い上げることが、いかに難しいかを物語っている。現場で発生した課題を解決するためには、その分析の主体者も現場に精通していなければならない。しかし、ＢＩＣＣのメンバーは分析には長けていても、現場の業務を熟知しているわけではないのである。つまり、優れたデータサイエンティストやデータアナリストをかき集めても、彼らが分析の主体者にはなり得ないのだ。

したがって、ＢＩＣＣを有機的に機能させるには、現場とＢＩＣＣメンバーが対等な関係でタッグを組むことが前提となるのだが、それもまた容易ではないのは、現場もデータやツールに対する理解を深める必要があるからだ。しかし、結果として、ＢＩＣＣの役割が現場の啓蒙に終始してしまっているケースも少なくない。ＢＩＣＣを設置した企業のほとんどが、このようなＢＩＣＣと現場のギャップに頭を抱えている。

もう1つ、重要な指摘がある。ＢＩＣＣがそれなりに機能したとしても、専任組織型のアプローチには必ず限界があるということだ。

これはＢＩＣＣのメリットと表裏一体の関係にあるが、少数精鋭であるがゆえ、機能すればするほど、いずれ対応し切れなくなるということだ。とくに、大企業であればあるほど、その傾向が顕著になる。

というのも、社員数が10万人規模のグローバル企業であっても、ＢＩＣＣにアサインされているエキスパートは、せいぜい10名から多くても数十名レベルだろう。20名もいれば、かなり注力している企業といえる。この人数で、全社に点在する膨大な分析ニーズに応えることは、到底、無理である。

では、人員を増強すればいいかというと、そうもいかない。データサイエンティストやデータアナリストと呼ばれるような人材は、どの企業でも枯渇している。優秀な人材に対する需要は高く、ＢＩＣＣに専従させることは難しいだろう。

それでも、継続的な分析であれば、現場にそのスキルが定着していれば、少数のＢＩＣＣでも対応できるかもしれない。ここでいう「継続的な分析」とは、異常監視や進捗管理をはじめ、継続的なモニタリングを実施することで解決が可能な課題を指す。現場で発生する課題を分析する場合、このような継続性を必要とする領域が最初に目に留まる。これらは繰り返し行われるため、現場のスキルも定着しやすいのである。

しかし、そこで満足していてはデータ分析と活用ならではのスピード経営には結びつかないだろう。現場では、継続的な課題だけでなく、突発的な課題が頻発しているからである。これらの課題は、仮説探索などを行って解決すれば、再び分析する必要はなくなるものの、一時的な生産ラインの停止にともなう損失や回帰のための分析など、業績にかかわるクリティカルな課題であることも少なくない。しかも、当社にもち込まれる相談は、実は継続的な分析よりも、この突発的な課題のほうがはるかに多いのだ。

この場合、データ量がそれほど多くないケースではＥｘｃｅｌなどを用いて対処的に分析する方法もあるが、大量データを必要とする場合には心許ない。そこで、データの抽出・集計にＤＷＨなどのＢＩツールを一時的に利用するためにＢＩＣＣを呼ぶことになる。

たとえば、「新製品の生産ライン数をどう最適化するか」という命題があったとする。この命題はきわめて重要ではあるが、求められるのはそのときの状況に応じた「解」、すなわち「生産ライン数」を決めることである。

ところが、その解を導き出そうとした場合の分析は、決して単純ではない。表4-1のようにさまざまなＫＰＩやデータを分析軸として、ようやく解を導くことができる。まさにＢＩＣＣの真価が問われる領域だが、このように課題が複雑でクリティカルであるほど、時

表4-1　既存製品Bの生産ラインの一部を新製品Aに移管する際に必要とされる分析例

分析内容		分析手法	KPI	必要データ
現状把握	製品Bの販売動向	売上推移	売上高	基幹システム販売データ
			実販売上高	実販データ
			ECサイト売上高	ECサイト販売データ
		利益率推移	利益率	基幹システム販売／原価データ
将来見込	製品Bの売上予測	受注状況	受注残	基幹システム受注データ
		見込情報分析	見込案件	SFA案件情報
		類似製品ライフサイクル	販売数量	基幹システム販売データ
		競合製品動向	販売数量	ECサイト販売データ
		口コミ分析	製品評価	SNSデータ
		中期売上予測	販売数量	—
	製品Bの利益予測	値引状況	値引高	基幹システム販売データ
			ECサイト価格下落状況	ECサイト販売データ
		競合製品動向	ECサイト価格下落状況	ECサイト販売データ
		中期利益率予測	利益率	—
	製品Bの在庫予測	在庫推移予測	在庫数量	—
	製品Aの売上予測	類似製品ライフサイクル	販売数量	基幹システム販売データ
		反響分析	製品評価	新製品サイト閲覧数
				ニュースリリース閲覧数
		口コミ分析	製品評価	SNSデータ
		中期売上予測	販売数量	—
	製品Aの利益予測	原価予測	原材料費予測	E-BOM独立所要
			金型償却予測	金型見積
			労務費予測	生産予定工数
			VE／VAT計画	—
		中期利益率予測	利益率	—
生産計画	製品Aの生産計画	発売時必要在庫	在庫数量	—
		ライン稼働率	稼働率予測	—
		生産可能予測	生産可能数量	—
		必要生産数量予測	必要生産数量	—
		生産計画	生産数量	—

間と労力を費やすことになる。

そのため、ＢＩＣＣの多くがキャパシティの問題から、突発的な課題の領域に踏み込めていない。つまり、企業に山積されている課題のほんの一握りしか、ＢＩＣＣは対応し切れていないのである。要は、ＢＩＣＣには人員に加えて、業務知識と分析能力に優れた人材という「量」と「質」が求められているのである。ここが、ＢＩＣＣによる体制の最も憂慮すべきポイントだ。

情報システム部門配下型

次に、情報システム部門配下型であるが、実は企業においてはこの形態でデータ分析と活用を推進しているケースが最も多い。情報システム部門の配下にデータ分析と活用の専門セクションを設置し、そこを中核として推進を図るというパターンである。

データ分析と活用における情報システム部門の役割とポジショニングについては、本書ではこれまでも多くの視点から述べてきたので繰り返しになるが、同部門のアドバンテージはやはりＩＴに精通していることにある。情報システム部門からアサインされた人材であれば、データベースを含めて、自社のシステムに精通している。データ分析と活用はＩＴとの親和性がきわめて高いことから、企業が同部門をその中核に置く理由は十分に理解できる。

問題は、ＢＩＣＣ同様、業務知識にどれだけ精通しているかということになる。ＩＴ側の人材だけに、やはり業務側の理解が不足しがちで、情報システム部門の人材もまた、分析の主体者にはなり得ないのである。

基幹システムの保守に携わってきた人材であれば、データのありかはある程度頭に入っていて、想像を働かせることはできるかもしれない。しかし、それはあくまでもシステムの構成・構造に立脚した視点である。そのデータが業務上、どのような意味をもっているかという深い理解に至っているとは限らない。彼らが得手としているのは、あくまでもシステムの保守であって、データの保守ではないからだ。そうなると、結局は現場の手助けがなければ、データ分析と活用の実践につなげることは難しい。

では、情報システム部門配下の体制で何が行われているかというと、もっぱら基盤づくりである。ＤＷＨ基盤やＢＩ基盤がなければデータ分析と活用もできないため、これはこれで重要な役割を果たしていることになる。

しかし、それらはしょせん「箱」にすぎない。以降の活用フェーズにおいてのノウハウや知見が乏しければ、結局のところ、データ分析と活用は前に進まないという悪循環に陥ってしまうだろう。情報システム部門配下のパターンでは、このようなケースにさんざん遭遇してきた。

さらに、事情を複雑にしているのは、情報システム部門の先には必ずＩＴベンダーがいるということだ。その関係性から生じる課題については第2章で言及したのでここでは割愛するが、基盤の構築についても「丸投げ」状態になっているケースさえある。そうなると、自社にノウハウが残らないという、最も憂慮すべき事態が起こり得るのである。

ただし、情報システム部門ならではのメリットもある。ＩＴの技術を駆使することで解決できるデータ分析と活用の課題も少なくないからだ。

たとえば、データ分析と活用においては、データへのアクセス権限をコントロールすることも重要な要素となる。また、グローバルから大量の販売データを収集するケースでは、データが自動的に投入され続けるようなしくみを構築する必要がある。ＩＴのしくみを利用しない限り、とてつもなく大変な作業となるからだ。この点については、情報システム部門でなければ手腕を発揮できないだろう。このようなニーズへの対応は、やはり情報システム部門配下型でなければ、できないことである。

そして、何よりのアドバンテージは、情報システム部門が社内に分散しているあらゆるシステムとのかかわりをもっていることだ。

これは同時に、あらゆる現業部門とのパイプをもっていることを意味する。このアドバンテージを活かして、情報システム部門が現場の分析ニーズを吸い上げるハブとなり、しくみづくりだけでなく、分析についても積極的にかかわっていけば、データ分析と活用において組織横断の横串を刺す重要な役割を果たすことができるだろう。

そのプロセスにおいて「現場のための分析」と「経営のための分析」の整合性を図ることができれば、データ分析と活用は現場の課題解決というテーマを超えて、経営の意思決定に根ざしたデータドリブン経営へと昇華していくに違いない。

現業部門配置型

前述してきた通り、分析の主体者に最も近いポジションにいるのは現場の人材といっても過言ではない。そこで、この体制でデータ分析と活用に取り組もうとする機運も高まりつつある。

大手企業の中には、全従業員にＢＩツールのライセンスを配布して、トップダウンで現場主導のデータ分析と活用を推進しようとする動きさえ出てきている。データ分析と活用にとって、これほど望ましい環境はないだろう。

しかし、実際には、障壁がある。事実、そのような企業から当社に多くの依頼や案件がもち込まれているからだ。ライセンスを配布したものの、結局、現場では実行できていないのである。

そのような事態に陥ってしまうのは、データ分析と活用に必要なスキルをもっている人材がいないからだ。とくに、大手企業は定められた職務分掌のみを遂行する職責が重視され、データ分析と活用に代表される本人の職能は重視されない傾向にある。そのため、比較的、高度な分析ができるＢＩツールを導入しても、実際にはそれを使いこなせないという状況が生まれている。

もちろん、現業部門配置型の体制で取り組もうとする企業では、教育・研修にも力を注いでいる。しかしながら、ツールを整えて、教育・研修プログラムを施せば、一朝一夕に人材を育成できるわけではない。やはり、現場での活用を通じて学んでいくことが重要な鍵を握る。

その際に新たな壁となるのが、投資に関する権限である。ここでいう投資とは、コストだけでなく、人材のアサインや必要なデータを揃えることも含めた広い意味での経営資源の配分という意味である。

たとえば、可視化したデータをダッシュボードに表示したいというニーズに対しては、その領域を得意とする人材を投入する必要がある。また、分析を実行する際にダッシュボードに必要なデータがなければ、他のシステムからデータを収集するしくみやＢＩに自動的に取り込むしくみ、場合によっては新たなデータを生成するしくみを構築しなければならない。これらも立派な投資といえるだろう。

ところが、現場にはこうした投資に関する権限が付与されていないケースが多い。人材のアサインは人事部門におうかがいを立てるべきで、データへの投資は情報システム部門に依頼して予算化してもらう必要がある。

また、データの入手についても、自由に行えるわけではない。システムの堅牢性を担保するためのレギュレーションに縛られているからだ。

たとえば、マーケティング部門が収益分析を実施するため販売管理システムのデータを必要としても、データのオーナーである営業部門を飛び越えてデータを入手することはほぼ不可能に近い。営業部門の許可が不可欠なのは当然だが、その先にはシステムの保守に携わる情報システム部門、経営トップの判断を要することは想像に難くない。とくに、日本の大手企業の多くは事業部単位の縦割り組織になっている。部署の壁がデータ分析の範囲を限定してしまうので、データ分析と活用においては、まずその壁を乗り越えることが前提となるのである。

このように、投資やルールの権限が他にあるという現実に目を向ければ、現場の分析ニーズを現場で叶えるということは、事実上、きわめて困難といわざるを得ない。

このことは、いまスポットライトを浴びているＤＸにおいても同じである。ＡＩやＩｏＴにおいても、データを分析・活用することに変わりはなく、その最後のプロセスで報告を受ける側の人たちに何を示すかという役割を担うのがＢＩによる「見える化」である。

そのためにも、分析の主体者の環境を整えるという現業部門配置型の発想は避けて通ることができないテーマだが、ハードルが高いこともご理解いただきたい。

データ分析と活用を成功に導く組織術

ここまで、データ分析と活用を推進していくための組織体制のパターンと、そのメリット・デメリットについて述べてきた。その実態を目の当たりにして、不安と焦燥感を増してしまった読者もいるかもしれない。そこで、今度はデータ分析と活用の組織体制を成功に導く方法について紐解いていくことにする。

まずは、その事例を２つ紹介しよう。

１つは、専任組織として設置したＢＩＣＣを「兼任体制」に変更したケースである。いうなれば、先に紹介した①専任組織型（ＢＩＣＣ）と③現業部門配置型のハイブリッドにし、各部門（現場）から１人ないし２人をＢＩＣＣメンバーとして強制的にアサインすることで、個々のスキルを向上させてデータ分析と活用の活性化を図ったケースである。ちなみに、その方法に踏み切った企業には、営業事業部だけでも１００近い部門があった。つまり、兼務とはいえ１００名規模のＢＩＣＣを発足させたわけである。

ここでのメリットは、アサインされた人材が分析の主体者としての機能や役割を果たせるということである。そこで、この企業ではその前提として彼らが自由にデータ分析と活用に邁進できるよう、徹底して分析基盤の整備にも取り組んだ。一方、現場からアサインされた人材は、現場との行き来を繰り返す中で、分析ニーズを発掘し、自らが分析の主体者としての素養を身につけていった。

このように、組織体制と環境の距離を縮めることによって、永遠のテーマだった分析ニーズと分析の主体者との乖離を短期間で解消したのである。ダッシュボードの社内コンテストを実施するなど、まさに競わせるようにデータ分析と活用の文化を全社的に広げ、醸成することに成功した例といえる。

もう1つの事例は、②情報システム部門配下型と③現業部門配置型のハイブリッドバージョンだ。ＩＴに精通したエンジニアをＢＩＣＣに配置するところまでは同じだが、彼らを積極的に部門に派遣するという試みである。

ねらいは、もともと情報システム部門にいた人材を半年から1年のスパンで生産部門や営業部門に張りつかせることにより、分析ニーズを発掘し、彼ら自身の業務知識を豊富にすることにあった。その前提として、まずは情報システム部門内でＤＷＨやＢＩツールに関する知識を叩き込んで各現場に送り出すというのがポイントだ。これが功を奏して、やはり分析ニーズと分析の主体者との乖離が解消され、データ分析と活用が急速に根づいていったのである。

とはいえ、これらの成功事例の裏側には、失敗から得られた教訓があったことも事実である。前者においては、ＢＩ基盤に莫大な投資をしてみたものの、うまく機能せず、その反省を踏まえて抜本的な改革に踏み切った。

後者の場合は、ＢＩＣＣにアサインされたＩＴエンジニアが自ら業務知識の乏しさに気づき、このままではＢＩＣＣが機能しないとの懸念から、自分たちがデータ分析と活用の伝道師になることを経営マネジメント層に直訴して実現したという。

情報システム部門は、これまでもシステムにおけるヘルプデスク的な役割を担ってきた。その経験から現場の状況を理解して、ヘルプデスクのようなその場限りの対処方法では、現場のデータ分析と活用は推進できないと判断したに違いない。

いずれの場合も、最終的な采配の鍵を握っているのは、経営者である。これまでも、経営者が組織づくりに注力してきたことはいうまでもないが、データ分析と活用を推進するにあたっては、従来とは異なる視点も大切であることを、この2つの事例から認識していただきたい。

データを中心とする組織階層のあるべき姿

次に、当社が企業のデータ分析と活用を支援する中でつちかってきた独自のメソッドを紹介しよう。

データ分析と活用のあるべき姿をとらえようとした場合、そこでは当然、人間や組織が担うべき役割と、ＢＩツールをはじめとする分析基盤といわれる環境の調和性や整合性が求められる。また、それぞれのフェーズやプロセスで求められるデータへのアプローチも違ってくる。それをレイヤで表したのが、図4-1である。

組織におけるデータ分析と活用の役割は、階層順にＣＤＯ（経営トップ層）、データオーナー（部門のマネジメント層）、データサイエンティスト（分析担当者）ととらえるのが一般的だ。ところが、このような既存の組織階層に縛られていては、データ分析と活用は推進できない。より明確な組織階層の「括り」が必要となる。

そこで、当社では上記のとらえ方を一歩進めて、ＣＡＯ（Chief Analytics Officer）、ＤＣＭ

図4-1　組織におけるデータ分析と活用の役割

	経営者層	管理者層	現場層
肩書き	CAO (Chief Analytics Officer) ≠CDO	DCM (Data Control Manager) ≠データオーナー	VA (Visual Analyst) ≠データサイエンティスト
役割	・経営課題解決を目的とした分析テーマの設定 ・DCMのアサイン ・統合分析基盤の整備	・分析KPI設定 ・データの選定と収集 ・VAのアサイン ・データオーナーからの利用許諾 ・分析環境の提供	・ダッシュボード構築 ・モニタリング ・分析結果のエスカレーション
データ	統合化	有意化	創造化
環境	総合分析基盤 Access All kinds of data	Accumulate All kinds of data	Analyze All kinds of data

(Data Control Manager)、VA（Visual Analyst）と位置づけ、提案している。

企業がデータ分析と活用を推進するに際しては、何もかも現場に押しつけ、依存しているケースが少なくない。そこで、その役割分担を明確化するために必要な存在として、CAOとともに新たに定義したのがDCMとVAである。経営者層・管理者層・現場層と、それぞれの階層で「やるべきこと」と「できないこと」があるからだ。

したがって、それぞれが「やるべきこと」を、確実に遂行できる環境を築く必要がある。そのためにも、CAO、DCM、VAと従来の階層との違いを整理してみよう。

まずはCAOとCDOの違いだが、最大のポイントはCAOを「アナリティクス

（分析）」の統括責任者と位置づけていることである。当然、分析を行うためにはデータが不可欠だ。そこで、ＣＡＯにはデータ権限を付与することが前提となる。このことを念頭に置いて、現状のＣＤＯのポジショニングを考えていただきたい。

ＣＤＯ（Chief Digital Officer）は、一般的に「最高デジタル責任者」を意味し、デジタル部門の統括責任者を指す。最近では「Chief Data Officer（最高データ責任者）」と位置づけているケースもあるが、基本的な役割は変わらない。

設置している企業によって若干の定義の違いはあるものの、要はデジタル技術の研究・導入を踏まえて、組織変革や企業価値の再構築、ビジネスモデル変革、マーケティング領域の顧客接点の創出などを推進する役割を担う存在とされている。すでに欧米では多くの企業がＣＤＯを配置しており、日本国内でも、ＰｗＣコンサルティングが２０２０年に実施した調査によると、ＣＤＯを設置している企業は８%だった２０１６年を起点として、２０１８年には10%、２０２０年には13%と、微小ではあるものの、着実に増えつつある。

また、混同されやすい役職に「ＣＩＯ（Chief Information Officer：最高情報責任者）」があるが、こちらはＩＴシステムの保守・運用の側面から、既存の業務プロセスの改善や社内のＩＴセキュリティを担うのが主な役割となる。経営には「攻め」と「守り」の両面が求められるが、攻めを推進するのがＣＤＯ、守りを強化するのがＣＩＯというのが、一般的な役割分担となっている。

ＤＸに象徴される「変革」を牽引する存在として注目されるＣＤＯであるが、実はその価値を発揮させるうえで大きく抜け落ちている側面がある。それがデータ権限、すなわちデータオーナーとしての役割である。

実は、縦割り組織が多い日本企業におけるデータオーナーは、各部門のプロセスオーナー、すなわち事業部長などのマネジメント責任者であるケースがほとんどである。その状況がＣＤＯのポジショニングを微妙なものにしている。データ分析と活用を加速させようにも、ＡＩやＩｏＴなどのデジタル技術の採用を指揮しようにも、常にデータ権限の壁が立ちはだかっているからだ。

デジタル化をキーワードとして経営戦略や企業変革を推し進めるにしても、各部門がもつシステムのデータに関する権限が部門長に委ねられているため、その権限をもたないＣＤＯはデータオーナーである部門長の許しを得て、調整を図るしか術がないのだ。この状況が部門横断の変革を阻み、ＣＤＯの存在意義を希薄にしているのである。

当社のＣＡＯという考え方は、そうした課題を解消するための手立てを示唆している。より自在性があるデータ分析と活用やデジタル変革を進めるためには、データ分析の権限を企業の上流階層に配置する必要があるということだ。ＣＤＯの存在を名ばかりにしないためには、必ずしもＣＡＯという役職を設けなくてもよいが、このAnalyticsに立脚した権限をＣＤＯをはじめとする、より上流の階層に配置することが望ましい。

次にＤＣＭの価値だが、これはデータ分析と活用を一歩先に進めるための調整役としての立場を明確にすることである。

企業のデータ分析と活用は、現場に押しつけ、依存してきた歴史がある。それは、Ｅｘｃｅｌなどを通じて業務改善を進めてきた現場が、データ分析と活用において一日の長があったからだが、その体制で進められるデータ分析と活用には限界がある。なぜなら現場の業務改善にとどまってしまうので、経営の意思決定に寄与する分析がなかなか生まれてこないからだ。

それだけに、経営に資するデータ分析と活用を実践するためには、より明確な役割分担を踏まえた階層区分が必要で、その中間に位置する調整役を担うのがＤＣＭである。

たとえば、データ分析と活用に向けて大規模な環境整備を行う際に決裁するのは経営トップの役割となるが、その上申にはＲＯＩにもとづいた確かな理由づけが必要となる。これまで財務諸表データを中心に行っていた分析に、他の分析軸を加えることによる新たな視点、その分析結果がもたらす自社戦略にマッチしたＫＰＩ設定、そのＫＰＩによって初めて実現できるアクションプランなどである。

このような経営に資する世界を切り拓くためのデータの選定と収集を設計できるのは、経営トップと現場をつなぐ管理者層（ミドルマネジメント層）だけである。データオーナーとの調整や利用許諾を請け負うことにもなるため、管理者層はＤＣＭの役割を付与する対象として最も相応しい存在といえる。

管理職がＤＣＭの役割を担うようになれば、当然、ＶＡと呼ばれる現場の意識も変わるだろう。現実問題として、現場のデータ分析と活用に対する意識は、これまでは負担ととらえられていた。データの収集から分析方法の確立、実際の分析と報告、環境整備への上申を含めて、何もかも委ねられてきたからだ。現場に「データサイエンティスト必要論」が取りざたされてきたのも、そのためだ。データサイエンティストが不在であるにもかかわらず、やるべきことが多すぎ、かつ要求が高すぎたからである。

ところが、ＤＣＭが調整役や分析方法の立案を担ってくれるならば、現場は可視化のためのダッシュボード作成とモニタリングに集中できる。結果、より精度の高い分析結果を出すことに集中することができるため、分析結果の質も向上するだろう。

このような好循環を築くための階層別方法論が、当社が提案するＣＡＯ、ＤＣＭ、ＶＡには集約されている。ＣＡＯが「統合化」、ＤＣＭが「有意化」、ＶＡが「創造化」を担うことで、データ分析と活用のスムーズなプロセスを築くとともに、検証・マネジメントサイクルを確立し、推進していく有効なメソッドとなる。

「データ分析と活用」で求められるリテラシーとは⁉

データ分析と活用を推進する組織像が描けたところで、今度は「個」に宿るリテラシーのあり方に触れていくことにする。データ分析と活用に求められるリテラシーは多々あるが、一般的にはデータリテラシーという言葉で括られている。

また、この言葉には多くの解釈や解説があり、多くの場合、①データの内容を理解し、活用する能力、②活用すべきデータを選んで分析する能力、③その結果を正しく解釈し、伝える能力と説かれている。

では、これらの能力をすべて身につけ、発揮できる人はどれだけいるだろうか。もし、そういう人がいれば、すでに立派なデータ分析と活用のエキスパートである。

もちろん、こうした人材を豊富に抱えているのなら問題はないが、ほとんどの企業がデータサイエンティストやデータアナリストの獲得に苦心し、データ分析と活用のエキスパートを育成するために四苦八苦しているのではないだろうか。

こうした状況を打開するために必要なのは、「個」に多くのことを求めすぎないことである。先に組織階層における役割分担の重要性に触れたが、同様にリテラシーにおいても個々が役割をまっとうすることに視点を向けることが肝要だ。そうしなければ特定の「個」に対する依存や負担が高まるだけで、その人材のキャパシティを超えた段階で、データ分析と活用が停滞してしまうだろう。

むしろ、大切なことは一人ひとりがデータに関する理解を深め、企業全体でデータ分析と活用を実践するカルチャーを醸成することにある。個々が自分の職務の中でデータ分析と活用を考え、無理なく日常的に実践してこそ、データドリブン経営の礎を築くことになるからだ。

そこで、本書ではデータ分析と活用に関するリテラシーを「データリテラシー（データ理解・活用）」「分析リテラシー（分析の設計・設定・実行）」「ビジュアライズリテラシー（可視化・視覚化）」の３つに分割して解説する。これらを組織階層で述べたＣＡＯ、ＤＣＭ、ＶＡにあてはめながら読み進めていただければ、より理解が深まるはずである。

データリテラシーとは、課題解決への道筋を策定する能力

データ分析と活用、もしくはデータを使って問題解決を図るためには、当然ながらデータへの理解が前提となる。そこで問われるのが「データリテラシー」だが、データを「理解・解釈し、活用する能力」が具体的に何を意味するのか、明確化するのはそう簡単ではない。データリテラシーに関する研修を実施する企業は少なくないが、教育研修の担当者はカリキュラムの構成に頭を痛めているのではないだろうか。

本書では、狭義にはなるものの、より具体的にデータリテラシーに切り込んでみたい。データリテラシーとは、何らかの課題に直面してデータ分析を行う場面で、必要とされるデータが、どこに、どのような形式で蓄積されているのか。また、どのような方法でデータを収集し、それをどう統合すれば役立つデータに変わるのか、といった課題解決への道筋を理解する能力といえるだろう。

当然ながら、販売分析を行う際に生産管理システムのデータを眺めても無意味で、その解は永遠に見つからない。同様に、グローバルでの販売分析を行う場合、本社に集められた国内営業拠点のデータを調べても、答えは見つかるはずがない。

これは極端な例ではあるが、それぞれが分業で職務を担当している現在の状況においては、分析の目的に必要なデータがどこにあって、どのようなデータ形式になっているかを把握できている人材は限られており、簡単なように見えて、決して容易なことではないのである。

本書で指摘したいデータリテラシーのポイントは、まさにそこにある。膨大なデータの中から必要なデータの所在を知り、どのデータを抽出して分析を行えば目的を達成できるのか——。このようなことを理解できる人材をできるだけ多く育てることが、データリテラシーがめざすべきゴールといえよう。

それにはデータの成り立ちを理解することが先決である。データは、基本的に何らかのシステムに格納されている。それゆえ、先の例ではまず販売管理システムに着目すべきである。次に、そこに格納されているデータがどのような形式で格納されているかが問題となる。ここで注目すべきポイントは、マスターデータとトランザクションデータだ。

マスターとは「ビジネスの基本となるデータ」のことである。販売管理システムにおいては、取引先マスター、商品マスターなどがあらかじめ定められたルールのもとに格納されている。

また、ビジネス活動においては、刻一刻とデータが挿入、変更、削除など更新される。これが、トランザクションデータだ。見積データや受注データ、販売データ、請求データ、入金データなど、さまざまなトランザクションデータによって販売管理システムは成り立っている。

これらを理解すれば、先の命題はある程度、解決できる。ところが、販売システム一つとっても、マスターやトランザクションを含めて、実際のデータは数百種類に及ぶ。それは、生産管理システムや会計システム、在庫管理システムなど、あらゆるシステムにおいても同様だ。

これらのシステムに紐づけられたデータベースには、それぞれ数百に及ぶテーブル（表）が存在しているのである。一般的な現場の担当者に、すべてのシステムの詳細を理解させることは現実的ではないだろう。

加えて、各部門が必要としているデータが1つのシステムに集約されているかというと、必ずしもそうではない。ＥＲＰはそれらを統合・集約するためのしくみではあるが、ＥＲＰを導入している企業においても必ずイレギュラーは発生する。

たとえば、新規事業に着手する場合に個別システムを立ち上げたり、スモールスタートであれば販売管理をＥｘｃｅｌで行い、結果データをＥＲＰの会計モジュールに投入するのは、よくあることだ。このようなしくみで存在するデータは、企業全体からすれば、まさに特定部門に限った「隠れたデータ」であり、知る人ぞ知る存在になっている。この時点で、販売管理システムやＥＲＰだけでは網羅的な販売分析が成立しない状態になってしまっているのである。

そこで、データ分析と活用においては多くの場合、システムへの関与が高い情報システム部門という存在に目が向けられる。ＩＴの知識というものが、密接にかかわってくるからである。

しかし、情報システム部門に依存するわけにはいかない。たしかに、情報システム部門はシステムの構造には詳しいが、現場の業務を理解できていない場合もあるからだ。業務に対する理解が不足していると、課題を抽出することは難しいといえるだろう。

一方の現場は、営業部門であれば常に顧客と接しているからこそ、要望やペインを共有できている。その課題や要望に応えるために、部門として売上や製品を含めた全体の傾向を知ろうとする。そこで、分析の目的が生まれるわけである。

このような乖離を解消するため、少なくとも現場と情報システム部門の協業が必要になる。

その関係をシームレスにするためには、やはり現場の人たちが最低限でも自分たちが使っているシステムのデータとその構造を知る必要がある。それがなければ、両者の会話すら成立しない。つまり、本書が強調したいデータリテラシーとは、まずは個々がこのレベルに達することなのである。

また、基本的にシステムに格納されているデータは、ＳＱＬと呼ばれるデータベース言語で取り扱いが可能となっており、この言語は、すべてのデータベースにおいて統一規格により共通化されている。多少、難易度が高くはなるが、現場の人たちも、このＳＱＬ言語を習得することにより、よりデータ構造への理解が深まり、データ分析の能力も向上するため、ぜひ習得いただくことをお勧めする。

それにより、現場と情報システム部門との間に密なコミュニケーションが築かれれば、他部門のシステムに関する知識や理解も増えるだろう。そして、その過程で、より目的（課題解決）に適合したデータ分析と活用が行われていく。

繰り返すが、データリテラシーの養成においては、システム構造を踏まえたデータ構造への理解を深めていくことを第一義的に考えていくことこそが肝要なのである。

分析リテラシーに求められる素養は、論理的思考

本書では、データ分析とデータ活用を一括りに考え、データ分析と活用という言葉をメインに使ってきた。その理由は、いずれも経営や業務課題の糸口を探り、その仮説・検証を行ったうえで解決策を見出すというプロセス自体が重要なのであり、表裏一体の関係にあると

考えられるからだ。

データ活用の目的は、あくまでもデータから抽出した情報を活用し、ビジネスに役立てることである。一方、データ分析の目的は、データから必要とされる知見を獲得することといっていい。つまり、データ分析とは活用を前提として、データをより的確かつ高い精度で「加工」することに他ならないのだ。

「加工」という言葉には違和感を覚えるかもしれないが、それはＦａｃｔ（事実）であるデータを捻じ曲げる「改ざん」を想起するからだろう。

しかし、先にデータの正規性（確からしさ）の重要性について解説したが、データの正規性さえ担保されていれば、よほどの人為的ミスがない限り、基本的にデータ分析の結果は信用に値するものと考えることができる。

ただし、データの「確からしさ」だけで、有用な分析ができるかというと、決してそうではない。たとえば、正規化されたいくつかのデータを使って分析したとしても、分析のロジックや手法に無理があったり、間違っていたりしたら、的外れな分析結果を導いてしまうことは明白だ。当然、その分析結果の説得力も皆無である。

やはり、正しい分析結果を導き出すためには、人間の論理的思考に立脚していることが大前提となる。そこで本書では、分析のロジックや手法を組み立てる論理的思考能力を「分析リテラシー」と位置づけて、その重要性を解説したい。

分析とは、物事や事象を細かい要素に分解し、その性質・構造を明らかにすること。よりわかりやすくいうと物事や事象のディテールを取り出して整理し、その性質・構造などを明らかにすることともいえる。そのためには、人間ならではの推論や仮説が前提となる。その意味において、分析リテラシーの第一歩は、推論や仮説を正しく設定する能力を身につけることである。

たとえば、自社製品が売れている理由を深く知るためには、販売個数や売上金額だけでなく、自社や商品の知名度、価格帯、店舗に集まる顧客の年代など、さまざまなデータが必要になる。

これらの要素の中から、どのデータを使って分析すれば、最も的確な「解」を導き出すことができるのか。その筋道の決め手となるのが仮説であり、その仮説を踏まえて検証を行うのがデータ分析である。

ただし、そこで得られた分析結果では、目的とする課題解決に至らないケースも少なくない。それは、仮説の設定に無理や問題があったからと考えられる。その際に諦めてしまうのではなく、次の手を考えることも分析リテラシーの重要な要素である。それは、好奇心や探究心をベースとする「ブレークスルーさせる能力」である。

ブレークスルーには発想の転換も必要だが、ここでもやはり論理性、すなわち分析の「確からしさ」が求められる。分析を通じて得られた結果をデータ活用のフェーズに進めて、次なるアクションに結びつけていかなければ意味がないからだ。

ここで求められるのは、説得力や説明力である。なぜ、そのような仮説を立てたのか。どのようなデータを用いて立証したのか。このような論理的な説明がともなってこそ、提示したアクションはより多くの人に理解され、モチベーションへとつながっていく。

ちなみに、分析と似た言葉に「解析」がある。広辞苑第七版によれば、「ある物事を分解して、それを成立させている成分・要素・側面を明らかにすること」を目的とする分析に対して、解析は「物事をこまかく解き開き、理論に基づいて研究すること」となっている。

ただし、この説明から違いを見出すことはなかなか難しい。ごく端的にいい表すならば、分析は「現状のデータ（Ｆａｃｔ）を細かく調べる」フェーズであり、解析は「現状データの成り立ちや原因を探る」フェーズといえる。こう考えると、説得力や説明力をともなう分析リテラシーにおいては、分析に加えて解析に一歩踏み込んでみることも意識する必要があるかもしれない。

とはいえ、本書で述べる分析リテラシーとは、前述した通り、広義のデータリテラシーから、とくに分析に必要とされる素養を抜き出したものだ。全従業員を対象としているわけではなく、一定のデータリテラシーを身につけた人の次なるステップと位置づけられる。

それだけに、データサイエンティストやデータアナリストのように、高度な専門知識や数学的・統計学的素養をもつ人材とは一線を画する。むしろ、現場のプロジェクトリーダーや経営を支える経営企画に携わる人材を想定したリテラシーである。前述した組織階層でいえば、ＣＡＯやＤＣＭがその対象として想定される。

もちろん、「仮説・検証」を効果的・効率的に実行するためには、ツールを使いこなすスキルも必要となるが、いくらＢＩツールに精通していても、素養・スキルがなければ妥当性があるデータ分析と活用を実践することはできないだろう。

ビジュアライズリテラシーとは、分析結果の表現力

データ分析と活用を通じて導き出された分析結果は、最終的にチャートやグラフ、レポート、集計表など、さまざまなカタチでアウトプットされる。それだけに、ビジュアライズリテラシーにおいて最も大事なポイントは、そのアウトプットが伝えたい内容になっているか、という1点に絞られるといっても過言ではない。

逆に、見る側の立場からすると、内容がわかりやすく理解できるかどうか、ということにな

る。表現力といい換えることもできるが、実際に伝えたいことを的確に表現するのは難しい。

なお、BIツールベンダーなどの謳い文句では、ビジュアライズは直感に訴えること、つまりSimple is Bestという考え方がなされているが、これには賛否両論がある。

ビジュアライゼーションは「視覚化」と混同されていることも多く、そのため主としてチャートやグラフなどに表すことが目的化されてしまっているが、本来の日本語訳は「可視化」である。これは、人間が直接的に見ることのできない事柄・現象・関係性などをイメージさせること、もしくはイメージすることを意味する。

つまり、究極的なねらいは想像力を掻き立てることであり、その力が強くなればなるほど、本来は見えないはずの深い情報を洞察できるといわれている。データ分析と活用においてはダッシュボードや経営コックピットにチャートやグラフとしてアウトプットするケースが多いが、その多くはビジュアライゼーションの本質に迫っているとはいい難い。

たとえば、図4-2に「好ましくないダッシュボード例」を並べてみたが、これらのチャートを見て、業績のよし悪しを把握できるだろうか。単にグラフが並んでいるだけで、情報の受け手側への気配りや配慮がなされていない。これでは、伝える側の意図がわからない。視覚化という観点においても不十分で、「伝える」ことから創造力・洞察力へとつなげるビジュアライゼーションの体を成していないのである。

図4-2　好ましくないダッシュボード例

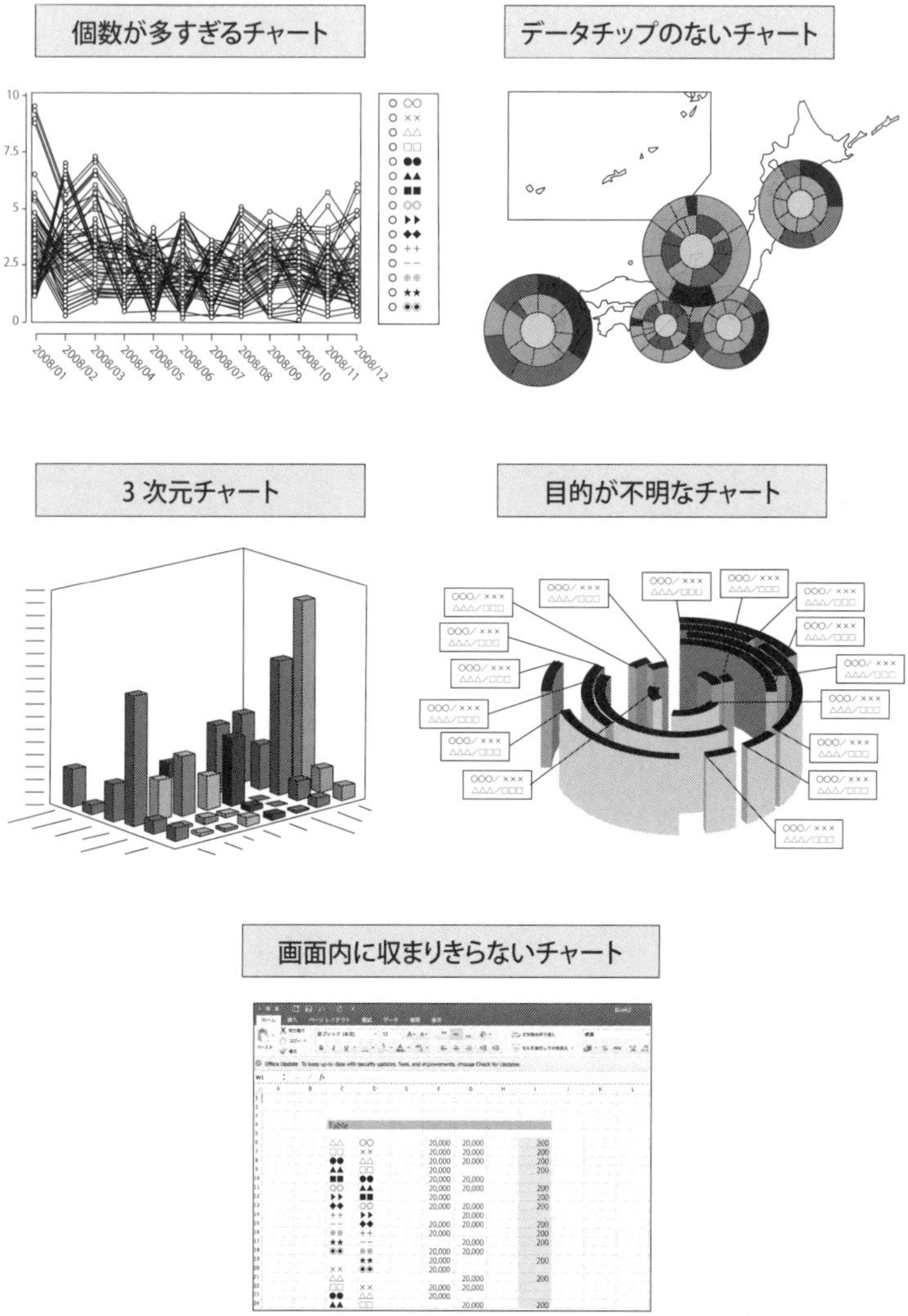

図4－3も同様である。「売上達成目標率」が、自動車のスピードメーターのイメージで表されているが、斜線の領域に達しているのでそれなりによい結果であることはわかるものの、どうよいのか、なぜよい結果が出たのかなど、経営判断を行ううえで必要な要素はほとんど伝わらない。

また、図4－4の3次元的な棒グラフについて、本来、3次元は「縦・横・奥行き」で構成されているからこそ、関係性を把握できるはずである。ところが、ここでは縦（高さ）以外に意味をもつ要素がない。しかも、見る側にとっては最も手前にあるグラフしか読み取れない。これでは、3次元にする理由はまったくなく、かえって煩雑でわかりづらいグラフになっている。

さらに図4－5の円グラフを見てみよう。円グラフの特徴は、おおよその専有面積で理解できることであるが、経営者が知りたいのは割合に関する数字であるはずだ。「%（パーセント）」が示されていないため、比較さえできない。これでは、判断材料にならないことは明白だ。

そもそも、定期的に円グラフを経営コックピットに配置したところで、まずほとんどのケースで変化をキャッチすることは難しいだろう。事業部門別であろうが、製品別であろうが、企業においては売上構成が月単位で大きく変化することはまれであるからだ。もしあったと

図4-3　経営判断のための要素が不足したダッシュボード

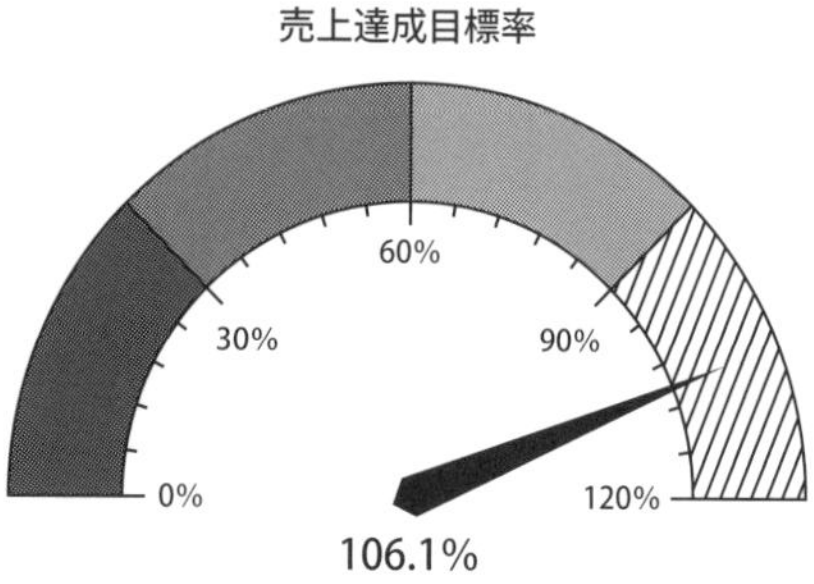

図4-4　煩雑でわかりづらいグラフ

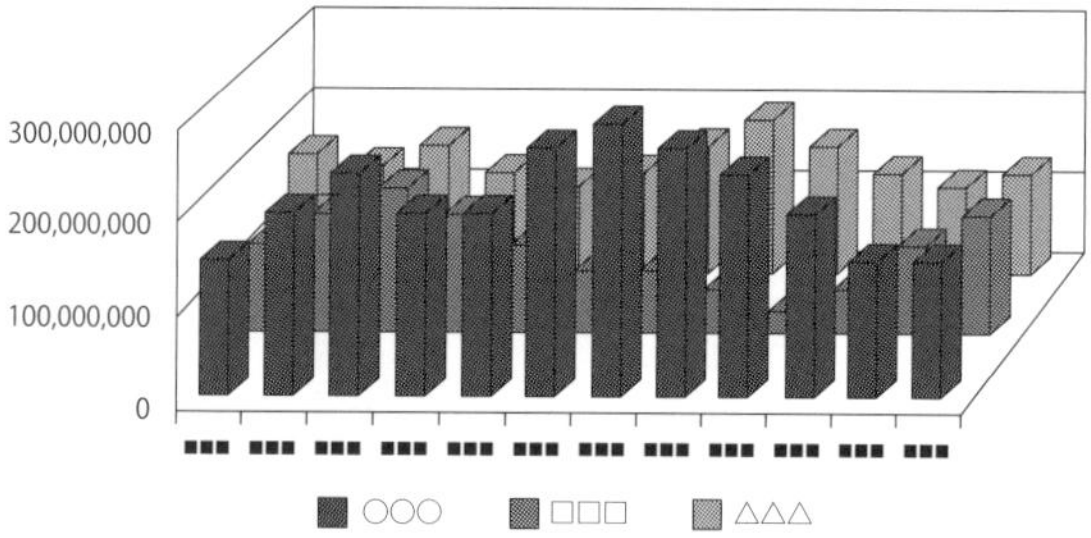

図4-5　比較がしづらいグラフ

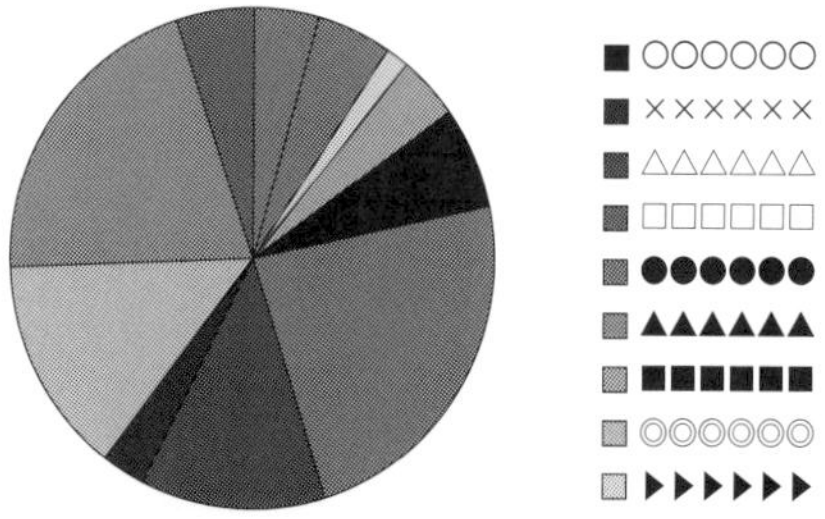

したら一大事かもしれないが、それであれば円グラフよりもアラートやシグナルで表したほうがよほどわかりやすい。

にもかかわらず、月単位でほぼ同じように見える円グラフを表示することに、何の意味があるのか。もっと掘り下げると、このような分析を行うこと自体、何の目的ももっていないといっても過言ではない。

分析を行うということは、いい換えれば「過去」のデータから「現在」や「未来」をクローズアップするということだ。企業内で扱うデータのほとんどは、実は基幹システムのデータ、すなわち既知データである。それを売上の推移を示す折れ線グラフや売上の構成比を表す円グラフで経営者に示したところで、それらはすでに経営層の頭の中にすべて入っている。見せられずとも把握している情報を、あえて俯瞰して視覚化する必要はないのである。ところが、企業内のデータビジュアライゼーションは、ほとんどこの範疇を超えていないというのが実情だ。

ここに示したのはほんの一例である。他にも「ダッシュボード」「経営コックピット」をキーワードに画像検索をしてみていただきたい。見た目の派手さばかりを重視していたり、目的自体が不明瞭で、結果的に何も伝えることができていないチャートが溢れていることに気づくだろう。

図4-6 「5W1H」の発想にもとづいた分析軸

階層		想定される分析軸	ソースシステムとのマッピング
財務諸表		勘定科目	科目コード、補助科目コード
What	何を	商品、製品、プロジェクト	商品コード、製品コード、プロジェクト番号、ロットNo.
When	いつ	期間	伝票日付
Who	誰が	会社、部門、事業領域	会社コード、部門コード
	誰に	取引先	得意先コード
	誰から	取引先	仕入先コード
Where	どこに	エリア	取引先マスターに紐づく住所コード
How	どのように	販売形態、販売チャネル	伝票区分、取引先区分

　では、データ分析と活用において必要とされるビジュアライゼーションとは何か。話は分析リテラシーに戻るが、分析軸を設定する際に大切なことは、「５Ｗ１Ｈ」の発想にもとづいていることである（ここではＷｈｙを除く）。図４―６は個々の分析軸において、粗いメッシュから細かいメッシュへの階層構造を示したものだが、「Ｗｈａｔ（何を）」「Ｗｈｅｎ（いつ）」「Ｗｈｏ（誰が、誰に、誰から）」「Ｗｈｅｒｅ（どこに）」「Ｈｏｗ（どのように）」というように、視点をどこに据えるかによって、分析の確度や精度は変わってくる。

　当然ながら、それをアウトプットするビジュアライズリテラシーにおいても、この５Ｗ１Ｈのどこが重要か、どのようなスタンスや方法で分析を行ったかという意図などを、目的に応じた切り口で的確に伝えることが重要になる。

さらに、ダッシュボードやコックピットに求められる表現方法や提示場所も、閲覧する立場や目的によっても変わってくる。経営層であれば、重要な指標や経営状況を把握することが目的となるため、経営ダッシュボードに配置して、Ｗｅｂから定期的にチェックできるようにしておくことが妥当であろう。

また、管理職であれば、問題となる指標について詳細を追求することが目的となる。それには、レポート形式のほうがわかりやすい。現場担当者の場合は、問題やトラブルをプッシュ型で迅速に伝えることも大切だが、同時に問題点についての原因を知ることが重要になるため、多次元分析の結果を提示する必要がある。

そして、社内にあるデータを知らない人たち、すなわちステークホルダーの場合、株主説明会やＩＲの報告などを通じて、データの視覚化が受け手側の印象を大きく左右する。自社の傾向を正しく理解してもらうためには、やはり俯瞰とディテールを使い分けたビジュアライズで提示することが、ステークホルダーに対する礼儀であろう。

ビジュアライゼーションが最も効果を発揮するのは、未知のデータに関する理解を深めるケースである。端的なのは、競合他社の動向を把握する際だろう。このような未知の領域を理解するうえで、ビジュアライゼーションは有効な手段となる。

一方、前述した通り、社内にある既知データを分析した際に、趣向を凝らしたビジュアライズを行うことはあまり意味がない。一つ例外があるとすれば、異常監視や改善監視といわれる領域だ。ダッシュボード上に異常値だけを表示し、アラートを発することが、スピーディーな対応に直結するからである。

たとえば、赤・青・黄色の信号チャートで予算未達の部門だけを赤信号とすれば、経営者にとっても有用で、部門の管理職や現場リーダーも常に注意を払い、トラブル対応や改善に躍起になるだろう。社内の既知データで工夫を凝らす必要があるのは、せいぜいその程度ではないだろうか。後はアウトプットを行う人間自身がＫＰＩの意味をきちんと理解して、５Ｗ１Ｈの発想を踏まえてどうビジュアライズを行えば、適切に読み解いてもらえるかということに配慮できれば十分だろう。

ただし、第3章を通して述べてきた通り、これからのデータ分析と活用は、既知データの領域を超えていくことは間違いない。そうした将来展望を見据えるならば、より高いビジュアライズリテラシーをもつ人材を育成することが、企業にとって必要不可欠なファクターになっていくことは間違いない。

第5章

「データ分析と活用」の本質論（ツール編）

――「間違いだらけのツール選び」からの脱却術

適材適所でツールを活用する

本書では、これまでデータ分析と活用について、経営を正しい方向へと導く羅針盤として位置づけ、達成すべき目的を定めることの重要性を説いてきた。その一方で、ツールの導入はあくまでも手段であり、目的なき手段が及ぼすマイナスの影響についても指摘を繰り返してきた。

しかし、ツールなくしてデータ分析と活用が実現できないことも明白である。第3章と第4章で解決のヒントを提示してきたデータや組織・人材にしても、ツールを含めた環境整備がなされていなければ、それは絵に描いた餅になってしまうことはいうまでもない。

当社は、これまで多くの企業のデータ分析と活用のしくみづくりを支援する中で、顧客自身の都合で誤ったツールの選択がなされていたり、目的にそぐわない使い方がなされているなど、「間違いだらけのツール選び」を多くの場面で目のあたりにしてきた。これでは、データから価値を見出すことも、人材を育成して組織を活性化させていくこともできない。

そもそも「道具」を意味するツールには、人類の英知を踏まえた歴史がある。

たとえば、スマートフォンの出現により大きく様変わりしている通信手段は、太古の時代にあっては狼煙《のろし》やトーキングドラムであった。飛脚による信書通信、伝書鳩、手旗信号といった方法も編み出された。

それが１８００年代にシリングが電信機、モールスがモールス符号、ベルやエジソンが電話機、マルコーニが無線電信機を考案・発明したことで、大きなパラダイムシフトが起こる。インターネットを核とする現在のモバイル革命も、実はこれらの延長線上にあるといっても過言ではない。

データ分析と活用を取り巻くツール群や技術も、同様にそれぞれ歴史がある。それだけに、目的に応じて正しく使えば、必ず効果も違ってくる。本章では、このような観点から、あらためてデータ分析と活用を成功に導くためのツールに関する知識を整理し、その活用術を指南していきたいと考えている。

本論に入る前に、第3章で説明した「データ収集」「データ蓄積」「データ分析と活用」といったデータ環境整備のステップについて思い出していただきたい。この3つのステップが目的に応じたツールやテクノロジー、すなわち手段を選択するうえできわめて重要な指針となるからだ。適切な手段を講じれば、結果も出やすい。つまり、データ分析と活用のＲＯＩを最適化することにつながるのである。

ただし、いずれのツールやテクノロジーも、長所があれば、短所もある。成功への秘訣は、その長所・短所の両方を理解し、適材適所で正しくツールやテクノロジーを使うことである。そこで、ここでは当社がつちかってきた経験を踏まえて、あえて短所にも言及する。それが、適材適所のツール選びにつながると考えるからである。

データ収集基盤編

ERP

まずは「データ収集基盤」だが、これはデータが最初に生成される場所、または物理データが最初にデジタル化された場所を意味する「データソース」、すなわちデータの発生源のしくみを意味する。データソースで生成されるデータは構造化データと非構造化データに大別されるが、ここでは主にビジネスプロセスを通じて生成される構造化データのデータ収集基盤に絞って解説する。

その入り口となるＥＲＰ統合基盤については、第３章で詳述した。

データ収集基盤編

ＳＦＡとＣＲＭ

次に注目すべきツールはＳＦＡ（Sales Force Automation）とＣＲＭ（Customer Relationship Management）である。ともに顧客を起点とするツールであるが、その目的や役割は重なる部分もあるものの、根本的には異なる機能をもっている。

そこで、企業におけるＳＦＡとＣＲＭのデータに着目し、そのポジショニングを見直すことで、いまビジネスで最も求められている顧客接点・顧客体験の創出に向けたデータ分析と活用の方向性を示していきたい。

ＳＦＡは営業支援システムともいわれ、営業プロセスをパイプに見立てて営業の進捗を可視化し、分析や改善を行っていく「パイプライン管理」と呼ばれるマネジメント手法を提供するツールである。その背景には、顧客とのリレーションがあってこそ成り立つ営業活動が、個々のパーソナリティーや知見・ノウハウに依存し、とかく属人化しやすいことが挙げられる。

そこで、営業に関する業務プロセスを切り出し、進捗状況や想定契約額、成約確度など、商談に関するあらゆるデータを時系列で管理し、把握・分析までのしくみを自動化することをめざしているのがＳＦＡだ。入力された情報はチーム全体で共有され、マネジメント層のフォローやアドバイスを通じて、営業パーソンの次なるアクションを明確化する。

また、これらのアドバイスやパフォーマンスの高い事例をナレッジとして共有することで、属人的になりがちだった営業業務を組織化・効率化し、成果の向上につなげることが期待されている。

一方、顧客管理システムと訳されることも多いＣＲＭは、顧客との関係性（リレーション）を重視したツールである。すでに１９９０年代初頭から注目を集め、現在ではほとんどの企業が導入しているといっても過言ではない。

その中核をなすのが、顧客の属性（性別・年齢・住所・電話番号など）や購買履歴、問い合わせやクレームの内容などが蓄積されている顧客データベースである。これらを活用することで、購買履歴から顧客の嗜好に見合った商品をレコメンドしたり、問い合わせ対応をスピーディーにするなど、顧客満足度を高めロイヤリティ向上に寄与するといわれている。つまり、ＣＲＭの究極の目的は、「心がかよう人間関係の構築」のしくみづくりといえよう。

とくに、昨今のデジタルシフト、すなわちＤＸへの取り組みが活発化する中では、顧客接点の変革・創出がその中核をなすテーマとなっており、それだけにＳＦＡやＣＲＭにおいても攻めの姿勢が求められている。

そこで思い出していただきたいキーワードが、本書で何度も触れてきたＳｏＥだ。直訳すると「Engagement（絆）のためのシステム」となるが、さまざまなステークホルダーの中でも売上や利益に直結する顧客は、企業にとって最も絆を深めたい対象といえる。

そこで、ここではＳＦＡとＣＲＭをEngagementの中核をなすツールとして位置づけ、顧客接点の変革・創造へ向けてのデータ分析と活用との接点を探っていくことにする。

SFAと「データ分析と活用」の密な関係

パイプライン管理を得意とするＳＦＡでは、積み上げた案件のプロセスを可視化し、データ化することを可能とする。当然、案件には受注確度があり、すべての案件を受注に結びつけられるわけではない。

ただし、案件確度の傾向は企業が提供する製品やサービス単位で、おおよその数字はつかめているはずである。たとえば、提案書や見積書のタイミングに応じた受注確度である。10%の企業もあれば、50%を超えているケースもあるだろう。

では、受注件数や売上目標といった最終的な着地点に到達するためには、どうすればよいのか。手っ取り早いのは、まずは案件数を増やすことだ。次に、案件確度の傾向に応じたプライオリティを定め、個々の案件の刈り取り（クロージング）の精度を高めていくことだ。

そのためには、ＳＦＡを戦略・戦術を策定するしくみにする必要がある。第3章で「製品ライフサイクル」を例に計画系データの重要性を説いたが、営業活動においても、やはり計画系のデータ基盤整備が必須なのである。つまり、ＳＦＡの位置づけは、営業・販売にかかわる将来予測データを集約するデータ収集基盤に他ならない。そして、そこに蓄積されたデータにもとづきデータ分析と活用を実践することによって、ゴールに向けての戦略・戦術をより確かなものにすることができるのである。

売上の着地予想を行う場合、まずはＥＲＰ側の売上実績データと、取引先から注文を受けた商品・サービスのうち、まだ納品や出荷ができていない受注残データをロジスティクス系システムから収集する。加えてＳＦＡに蓄積されている見込案件のデータから受注確度などを踏まえて積み上げていき、将来予測の展望を立てていく。そのためには、これらのデータを収集し、後述のＢＩツール上で表現を行う。このようなＢＩの活用方法は、経営者からの評価が高い。つまり、経営の意思決定にかかわるデータ分析と活用において、ＳＦＡに蓄積されているデータは有用性・実行性に富んだデータソースになり得ると断言する。

営業・販売部門にとっての最終着地点は、定められたゴールを達成することだ。それは、経営者をはじめとするボードメンバーからの適切なサポートやアドバイスがあってこそ、成し遂げられるものであろう。

ＳＦＡは、まさしくそこに寄与するためのツールといえる。事業単位・部門単位・地域単位・全社単位での売上見込をリアルタイムに把握し、場面ごとに戦略・戦術を軌道修正しながら、勝ち続けるための意思決定を下すしくみとなり得るからだ。

ただし、このような環境にするためには前提条件がある。まずは、データの網羅性が担保されているということである。次に、ＳＦＡが営業部門の日常的なツールとして定着・浸透し、案件の進捗状況などの情報が同じレベルでタイムリーに入力されているということだ。

ところが、実際にはこれがなかなかできていない。たとえば、月次・年次で定期的に入金がなされる保守・サブスクリプション契約のようなケースは、ほとんど案件管理されていないのが実情である。さらに契約更新のタイミングにしても、別のしくみで管理されているケースもある。

これは、ＳＦＡに蓄積されているデータは正しく売上が計上されていない、漏れの多い「歯抜けデータ」であることを意味する。結果、ＳＦＡデータをもとに予実対比をしたとしても、残念ながら全体を網羅した結果は得られない。

また、ＳＦＡでは本来、案件が発生した時点で案件登録することが前提となるが、実情は入力のレベル、タイミングを含めて、担当者や部門に依存している。積極的に入力する担当者・部門もあれば、手を抜いている担当者・部門もある。期単位・月次単位で数字に縛られていることから、思惑が働くことも少なくない。実際に「この案件は来期に回そう」などという恣意が入り、数字がコントロールされるケースも散見する。

加えて、ＳＦＡとは別にＥｘｃｅｌなどを使って営業部門独自で売上管理を行っているケースもある。この場合、営業担当者には複数入力が求められるわけなので、結果として負荷が高まり、ＳＦＡへの入力がおろそかになっているケースも垣間見られる。

このように、ＳＦＡは担当者の資質やモチベーションに依存するツールとなってしまっている。では、この状況を変えるには、どうすればよいのだろうか。

そこはやはり、業績評価・人事評価のしくみにたどり着くだろう。たとえば、これまでの業績評価は、せいぜい四半期単位の売上実績などの数字を反映していたにすぎなかったはずだ。結局のところ、過去の実績に依存する他なかったのである。これではリアルタイムにはほど遠く、営業部門にはっぱをかける材料としても、説得力に欠ける。彼らの行動の原理・原則を変えることはできないだろう。

そこで提案したいのが、ＳＦＡへの入力件数・入力時間数などを制度に入れて評価軸として加え、業務のルーチンとして日々のスケジュールに入力時間を設けることだ。これらにより担当者のモチベーションが向上し、残業せずとも入力時間が設けられているため、案件入力の頻度と精度も高まるのではないか。そうなれば、データ分析と活用におけるＳＦＡの位置づけも、より明確で価値あるものになるはずだ。

このようなちょっとしたきっかけで、新しい企業文化の創造・醸成につながっていくならば、企業にとっても経営者にとっても、躊躇する理由はないはずだ。ＳＦＡに限らず、ツールを活用していくためには、機能や操作のみならず、「何のために（Ｗｈｙ）」に答えていくことも重要なのである。

「顧客管理」から「顧客接点・体験」の変革・創造へ

今度は、現状におけるＣＲＭの位置づけだが、そもそも顧客情報の管理という着想は「商い」という概念とともに生まれ、その歴史をさかのぼると取引のいっさいを傍記していた江戸時代の大福帳にも刻まれている。

同時に、日本では「お客様は神様」と称されるほど顧客を丁寧に扱ってきた。しかも、「２０２０東京オリンピック・パラリンピック」誘致のキーワードにさえなった、世界中から注目を集める「おもてなし文化」もある。

それにもかかわらず、日本の企業はＣＲＭの利活用で世界に後れをとっているといわれる。

それは、いまだに顧客管理の発想から抜け出せていないからだろう。デジタル化をはじめとするさまざまな環境変化を踏まえて、世界の多くの企業が顧客接点や顧客体験の創出へと軸足を移している中で、日本企業は現在もなお、顧客を層（塊）ととらえた「管理」にこだわり続けている。

たしかに、ほとんどの企業はＣＲＭを導入し、顧客の属性はもとより、購買履歴、問い合わせやクレームの内容といった顧客にまつわる多様なデータを蓄積している。ただし、ＳＦＡと同様に、ＣＲＭに蓄積されたデータも入力を行う担当者に依存しているのである。顧客との対応の様子をきめ細かく入力する担当者もいれば、最終的な結果のみを入力するだけで済ませているケースもあるだろう。それだけに、ＣＲＭをデータ分析と活用のデータソースとして活用していくためには、入力されるデータ・情報の質を向上させ、そのレベルを維持することが先決となる。

では、どうすれば質とレベルの問題をクリアできるのか。その解を探るために、ＣＲＭとマーケティングの関係を振り返ってみたい。

１９９０年代にＣＲＭの導入が進んだころ、やはりマーケティングの概念も過渡期を迎えていた。

その中で、アメリカの経営学者であるPhilip Kotler博士は、マーケティングとはニーズに呼応して利益を上げることだと定義し、産業界のエポックを踏まえて、その変遷を産業革命による大量生産・大量消費を背景とした「マーケティング１・０」から4段階に区分した。さらに、次なる段階として「マーケティング５・０」を提唱している。

博士がいう4段階とは、「製品中心（１・０）」「消費者志向（２・０）」「価値主導（３・０）」「自己実現（４・０）」で、デジタルテクノロジーを核として、消費者の自己実現をめざす「５・０」を次なるフェーズとしている。

その中にあって、ＣＲＭの導入が活発化した１９９０年代以降は、市場に商品が溢れ、企業間競争がさらに過熱する傾向にあり、企業は血眼になって目標達成に向けて邁進していた。これに拍車をかけたのが、インターネットの普及である。消費者がこれまで得られなかった情報を獲得できるようになったからだ。つまり、企業と顧客とのリレーションは「縦」から「横」へと変化し、そこにどう対応していくかということが、マーケティングの大きな命題として立ちはだかってきたのである。

そこで企業が選択した一つの手法が、「社会的責任」に立脚したブランディングだ。製品や消費者だけでなく、社会や環境も踏まえた人間中心のマーケティングへのシフト、すなわち「価値主導」である。

しかし、このマーケティング手法は、これまでの顧客管理の発想にもとづくＣＲＭとの整合性を担保することが難しかった。そこで、日本企業の多くは定量化（データ化）することなく、ＣＳＲ（Corporate Social Responsibility：企業の社会的責任）活動へと舵を切り、続いてＣＳＶ（Creating Shared Value：共通価値の創造）を模索していった。

当然ながら、企業・顧客間におけるリレーションの変化は、海外においても顕著で、とくに欧米企業が積極的に取り組んだのがパーソナライゼーションであった。最新のデジタルテクノロジーを駆使して、顧客の行動に呼応してアクションを起こす「トリガーマーケティング」を複雑なＣＲＭ上に実装したのである。これらは、現在ではほぼ自動化されているという。

もちろん、日本企業においても、このようなパーソナライゼーションに目を向けている企業は少なくない。しかし、その数もレベルも欧米の先進企業と比較すれば、まだまだ徹底されていないのが実情だ。

以上のトレンドから察することができるのは、ＣＲＭにおいてもデータ分析と活用が重要なファクターとなっており、その鍵を握っているのが「定量化」であるということだ。だが、日本企業の多くは、まだそこにたどり着いていない。

たしかに、コールセンターではトラブル処理や問い合わせ履歴などをスタッフが懸命に文章で入力している。また、サービスの向上を名目として、音声録音の許可を求め音声データとして取得することも一般化しつつある。

これらを通じて得られたトラブル処理や問い合わせ履歴といった質疑応答の内容は、コールセンターのスタッフ教育に用いられ、問い合わせのセルフサービス化（効率化）を実現するために顧客向けＦＡＱとして整理され、Ｗｅｂサイトなどで情報発信されている。

一方、顧客側は録音許諾のアナウンスが流れるたびに、「本当にサービスの向上に使われているのだろうか」と疑心暗鬼になっている。その成果を「よい顧客体験」として実感できていないからだ。

その最大の理由は、ＣＲＭから得られる知見が「顧客の生の声」という定性的観点にとどまっていることにある。しかも、これらのアプローチは、あくまでも生産性や効率に立脚した企業側の論理にもとづく施策であって、顧客起点とはいい難い。本来であればこの定性データに宝が眠っている。

また、ＣＲＭには数値として表すことができる定量データも数多く蓄積されている。商品の売上や取引件数、それぞれの顧客の商品購入数・サービス利用回数、購入頻度・利用頻度はもとより、年齢・性別・地域住所とその緯度経度・家族構成なども工夫次第で定量データとして扱うことが可能である。

これらの定量データにもとづき、「ロイヤルカスタマー（優良顧客）」という塊を抽出し、そこにインセンティブを提供していくことで企業の収益を確保しようとしてきたのが、従来の顧客管理の考え方だ。つまり、ＣＲＭに蓄積されてきた定量データと定性データを別物として扱い、利用してきたわけである。

ところが、顧客接点や顧客体験の視点に立つならば、やはり定量データと定性データの組み合わせが必然となる。

ただし、それは一朝一夕でできるわけではない。その方法論も、企業の業態やスタンス、顧客に対する考え方などで違ってくる。さまざまな障壁を乗り越え、試行錯誤を続ける中で、ようやく「解」が見えてくるだろう。

その第一歩は、多くのケースにおいて、マーケティング部門やコールセンター部門の範疇で完結していたＣＲＭのデータを部門横断で引き渡し、それぞれの視点でデータ分析と活用を実践することだ。営業部門は顧客ニーズの開拓や営業機会の創出、製造部門は品質やライフサイクルの向上、開発部門は顧客のペインに応えた付加価値が高い新製品開発に、より深く踏み込めることになるからだ。

そして、そのサイクルをデータ分析と活用を通じて回し続けることによって、新たな顧客接点が生まれ、よりよい顧客体験へとつながっていき、顧客との良好な人間関係を築いていける。そこに早く気づき、着手した企業のアドバンテージは、計り知れないほど大きい。

「顧客理解」を踏まえて、「マーケティング5・0」の領域へ

Kotler博士は、テレビや新聞などのマスメディアを通じて広く製品を認知させる「マーケティング２・０」、セグメント別に企業ブランディングを浸透させる「マーケティング３・０」は終焉して、現在は個別体験（自己実現）を提供する「マーケティング４・０」の時代に突入しているとしている。ここにきてＳｏＥのしくみに注目が集まっているのも、企業がそれを取り組むべき喫緊の課題として認識しているからだろう。

そのためには、当然、顧客理解を深化させることが前提となる。デジタルテクノロジーを駆使することによって、それをクリアする段階が「マーケティング５・０」となるわけだが、現在はその方策を暗中模索している段階である。

顧客理解を深めるということは、顧客の属性データやリサーチデータから顧客の全体像を把握するというこれまでのアプローチから一歩踏み込んで、顧客行動とパーソナライズを組み合わせて分析することが必要になる。そこで現在、多くの企業が各種分析ツールをはじめ、会員アプリの提供、プッシュ型のメール配信など、さまざまなツールを導入し、各チャネルに対応した顧客コミュニケーションの強化に注力している。

「顧客を知ること」はとても大切である。しかしながらツールに依存するあまり、データがサイロ化してしまっては意味がない。ツールを使えば目的に応じたデータを収集することはできるが、結局のところ、顧客の属性データや行動データ、キャンペーンなどの配信結果のデータなどが各システムに分散して存在する状態になっている。その結果、データを断片的にしか扱えない状況に拍車をかけているのである。これでは、多様かつ複雑な顧客を理解するための「解」も、断片的にしか出てこないだろう。

顧客理解を深化させるためには、この状況から早く脱却することが肝心だ。それは、ツール間・システム間・部門間を超えてデータを統合し、それを基軸としてデータ分析と活用を実践する環境を築くことである。

実は、この状況はＳＦＡやＣＲＭにおいても同じである。

あらためてＳＦＡとＣＲＭの役割を整理してみると、ＳＦＡは商談・案件を軸とした情報管理のしくみである。一方、ＣＲＭは顧客単位での情報管理に特化しているのが特徴だ。時間軸で考えれば、ＳＦＡは契約・購入前の顧客になるまでのプロセス、ＣＲＭは契約・購入後の顧客になって以降のプロセスを受けもっている。つまり、顧客が商品を購入した瞬間に、データが置かれる場所も移ってしまうという「データの乖離」が生じているわけだ。

それだけに、ＳＦＡとＣＲＭのデータ統合を図るだけでも、顧客理解への可能性は大きく前進するはずだ。加えて、その他のマーケティングツールとのデータ統合を進めていけば、より密度が高いパーソナライゼーションへとたどり着く。

たとえば、多くの企業が注力しているＫＰＩに「ＬＴＶ（Life Time Value：顧客生涯価値）」がある。新規顧客を獲得するためのコストが既存顧客を維持するコストの5倍かかるという「１：５の法則」が叫ばれるほど、嗜好やニーズの変動が激しい時代にあるからだ。

ＬＴＶの算出方法は、一般的に「顧客の年間取引額×収益率×継続年数」といわれているが、より多角的な分析軸をもつデータ統合された環境では、別の角度を含めて、より自社にマッチした顧客生涯利益を算出できるようになる。その延長線上に、顧客接点・顧客体験の創出へのブレークスルーが見えてくる。

このように、ツール依存のデータ起点から抜け出し、データ統合を踏まえて好循環を導き出すことこそ、「マーケティング５・０」のスタート地点であるといっても過言ではない。

ＩｏＴ

多くの企業がＡＩと並ぶ最先端技術として注目しているのが、モノのインターネットといわれるＩｏＴ（Internet of Things）だ。主にオフラインで利用されてきたあらゆるモノをインターネット接続することを意味するが、そもそもＩｏＴが意味する「モノ」があまりにも多いため、具体的に想像しづらいかもしれない。

たとえば、その範囲はセンサー機器をはじめ、駆動装置や変換装置、住宅やオフィスビル・商業施設、自動車や家電製品、電子機器など、まさに無限といってよい。それだけに、そのポテンシャルはきわめて大きく、これまでの延長線上にはなかったまったく新しいサービスや価値を生み出すことへの期待も高まっている。

ＩｏＴは日本の産業振興の政策指針となる内閣府の「Society 5.0」、経済産業省の「Connected Industries」におけるキーワードにもなっている。

内閣府の定義では「Society 5.0」を「サイバー空間（仮想空間）とフィジカル空間（現実空間）を高度に融合させたシステムにより、経済発展と社会的課題の解決を両立する、人間中心の社会（Society）」としているが、ここでいう「融合」はＩｏＴなくして成立しない。

また、「Connected Industries」は主に製造業を対象に「データを介して、機械・技術・人などさまざまなものがつながることで、新たな付加価値創出と社会課題の解決をめざす産業のあり方」を示しているが、ここでいう「つながり」もまた、ＩｏＴそのものといえる。

さらに、国土交通省が推進する「i-Construction」は建設現場にＩＣＴの全面的な活用をうながす取り組みだが、実際にはセンサーを搭載した掘削機やショベルカー、ドローンといったＩｏＴ機器を核としている。これらから収集したデータを３Ｄ化して活用することで、まさに「Society 5.0」が示すサイバー空間とフィジカル空間をつないだ画期的な施工方法が確立しつつあるのだ。


現状において実装されているＩｏＴとしては、予測品質管理や予知保全、遠隔モニタリングなどを目的とする「産業分野」、ホームオートメーション、ホームセキュリティ、ホームモニタリングなどの「消費者サービス分野」、トラフィックモニタリング、防災・環境・公共安全監視、ヘルスモニタリングといった「社会インフラ分野」などが挙げられる。いずれも、ビジネスに多大なインパクトをもたらすとともに、社会変革へ向けてのトリガーになり得る可能性を秘めている。

ＩｏＴで変わりつつある「データ分析と活用」の世界

当然ながら、ＩｏＴはデータ分析と活用においても、新たな可能性を示している。しかしながら、その道のりは遠い。将来的には大きな可能性が広がっているものの、決して容易な道のりではなさそうだ。

というのも、ＩｏＴで収集できるデータは、基本的に時系列処理にもとづくログデータであるからだ。ログデータといえば、Ｗｅｂサイトのアクセスログを指すことが多いが、本来の意味はセンサーや通信機器、観測装置などで処理を実行した際の記録そのものを指す。つまり、センサーのログデータには処理エラーによる表記揺れや誤記の記録も含まれるのである。

そのため、データ分析と活用に使用する際に不可欠となるデータクレンジングの方法を確立する必要がある。つまり、正規化したデータをデータウェアハウス（ＤＷＨ）などに格納するのが、最初の難関といえるだろう。

加えて、一つひとつのログデータは決して大きくはないものの、複数地点で定点観測などを行うと、時系列だけに瞬く間にデータ量が膨大化してしまう。そこで、膨大な使用前データをどのような方法で蓄積しておくか、という問題にも直面する。

現状では、データレイクに格納するのが定石になりつつあるが、いかに巨大なストレージであっても、いつかは限界を迎える。したがって、ＩｏＴデータを分析と活用するためには、明確な目的のもとに、収集方法から蓄積方法、取捨選択、クレンジングの方法など、さまざまなハードルがあることを覚悟しなければならない。

それらを回避する手立ては、残念ながら、現在のところ確立されてはいない。それだけに、計画・仮説立案・検証などの準備を周到に整えて臨まないことには、ＩｏＴはリスクが大きいといえよう。

しかしながら、ＩｏＴから得られるインパクトや価値は、そうしたリスク以上に大きいことも事実である。ビジネスはもとより、業界・社会が直面しているさまざまな課題の解決・克服に寄与するポテンシャルをもっているからだ。

当社もまた、従来の統計手法では対応できなかった予測分析との親和性に着目し、「ＩｏＴ×ＢＩ」「ＩｏＴ×ＡＩ」へのアプローチをスタートさせている。ＩｏＴで収集したリアルタイムデータと基幹システムなどに蓄積されている既知情報を組み合わせた分析により、これまでの延長線上にはなかった予測指標がアウトプットできると期待を膨らませつつある。

さらに、ＩｏＴを通じて可視化された情報をもとに、ダイナミックプライシングやダイナミックケイパビリティなどといった、競争力強化に直結する意思決定へとつなげる可能性も追求し、未来への布石を築こうと日々研究をしている。

情報基盤編

データウェアハウスとデータレイク

本書では、一貫してデータの収集と蓄積の重要性について説いてきた。その中で、データソースからより効率的にデータを収集するしくみがデータ収集基盤であるが、当然、収集したデータはどこかに格納・蓄積していく必要がある。その役割を担うのが、データウェアハウス（ＤＷＨ）とデータレイクである。

ここでは、その２つの機能を情報基盤と位置づけ、データ分析と活用における役割を整理していくことにする。

ＤＷＨとデータレイクは、企業活動を通じて日々更新されて増加の一途をたどるデータや企業内に分散して存在するデータを一元管理するうえで、きわめて重要な役割を果たす。ただし、その目的が大きく異なることを忘れてはならない。まずは、この２つを正しく理解し、目的に応じて活用することが、データ分析と活用の成功を左右する重要な決め手となる。

簡単にいえば、「データの倉庫」といわれるＤＷＨは処理済みデータのための格納庫で、データレイクはローデータのための格納庫である。ローデータとは生データ、すなわち「手を加えられていない（構造化されていない）状態のデータ」のことである。ＤＷＨは「データ分析がしやすい整理された形態」で格納し、データレイクは「異なる形式の多様なデータ」を格納する巨大なプールということだ。

ここでは、適材適所の情報基盤を構築していくために、ＤＷＨとデータレイクの共通点と違いを説明していこう。

データベースを源泉に発展してきたＤＷＨ

データを格納するしくみは、デジタル情報を収集・保持するという観点から「データストレージ」という言葉で括られる。誰もが最初に想起するのはデータベースだろう。

実は、ＤＷＨの根本をなす概念はデータベースである。そこで、あらためてデータベースのポジショニングを確認しておきたい。

データベースの目的は、一定の形式で整理されたデータを塊として蓄積し、容易に検索・

参照・閲覧できるようにすることだ。ここでいう「整理されたデータ」とは、データストレージに配置される前に事前定義され、定められた構造となるように整形することを意味する。いうなれば、構造化データである。

その意味で、データベースはＤＷＨの上位概念と表現することもできる。つまり、データの記録・参照を基本として設計されているデータベースをデータ分析と活用という目的により特化したものがＤＷＨといえる。

ちなみに、データベースは基幹系システムをはじめ、顧客管理システム、営業管理システムなど、基本的にそれぞれのシステムに紐づけられて構築・管理されており、その構造（スキーマ）もそれぞれ固有である。

それだけに、ストレージ容量を超えてしまった際には、データの削除や集約を図るか、ストレージを増強する必要が生じる。とくに、データ量が膨大化の一途をたどる現在においては、その頻度はますます高くなっており、企業はいかにデータベースを長期的・継続的・安定的に運用していくかという課題に直面している。

そこで、はじめから大量データの蓄積を想定し、複数のシステムから集約したデータを高速で処理することを可能にしたのがＤＷＨである。「データの倉庫」としての役割を果たすべく、大量データの蓄積を前提としつつ、単一のデータスキーマのもとに保存形態を定義することで、分散している複数のシステムから物理的にデータを集め、データの内容ごとに論理的に統合して蓄積するのである。

このように、多層構造をもっているのがＤＷＨの特徴であり、固有のシステムの検索・参照・閲覧に焦点を置いてきた従来のデータベースを多層的に積み上げたしくみとなっているのだ。ＤＷＨがデータ分析と活用において威力を発揮するといわれるのも、多層構造だけに、より多次元的にデータを抽出できることに他ならない。

また、使う側の目的に応じたデータマートを設定し分散することもできる。

たとえば、同じ製品のデータであっても、工場のシステムでは「型番」、販売システムでは「製品名」でといったように、システムによって異なるラベルやコードで管理されているケースは少なくない。固有システムに依存した従来のデータベースは利用する側もある程度特定されていたので、それほど大きな不都合はなかった。

しかし、これらのデータを集めて需給予測分析をする場合、ラベルやコードの違いは間違いなくクリティカルな問題として浮上してくる。整合性が担保されていないデータでは、データ分析と活用が成り立たないからである。

そこで、より多くのデータを統合、すなわち整合性をもって保管するしくみとして注目されたのがＤＷＨだ。いくつもの物置にそれぞれ異なる方法で保管しておくのではなく、大きな倉庫に一貫した考え方で、まとめて保管しようというわけである。その意味で、ＤＷＨは単にデータの「量」に対応するのみならず、「質」においても重要な役割を果たすといえよう。

そこで問題となるのが、データ統合に際して不可欠なデータの整理やクレンジングを、どのタイミングで行うかということだ。工場ごとに異なる生産管理システムを利用しているケースはまだまだ多い。これらのデータベースを単純にＤＷＨに移行したところで、データ分析と活用の現状は変わらないだろう。やはり、異なる形態のデータを正規性があるデータに変換して初めて、横串を刺した分析が可能になるのである。

そこで、この変換・統合を場面に応じてＤＷＨ上で行っているケースも少なくない。しかし、実際にやってみると、とてつもない労力が必要となることがよくわかる。したがって、その手前にある上流のしくみをきれいにするほうが、よほど手っ取り早いのである。

第３章で述べた「『間違いだらけのデータ選び』を正解に導く４つのポイント」は、まさにこのことを意味する。理想的には、データ統合はデータの発生源で行うべし、というのが原則なのである。

ただし、いうのは簡単だが、いきなりすべての工場の生産管理システムを刷新することは現実的ではない。そこで、次善策として、二段構えで準備・計画していくことを提案する。まずは、データ統合ツールと呼ばれるようなしくみやプログラムを実装して、データクレンジングを自動化するという選択肢が考えられる。これにより、データの整合性を担保したうえでＤＷＨに蓄積・格納できるようになる。

次の段階は、やはりデータソース側のシステムを刷新することだ。そのためには莫大な投資・時間・労力が求められるが、ＤＷＨの価値は間違いなく向上する。まさしく、データ分析と活用の効果を最大化する礎としてのポジショニングを確立することになるからだ。

ＤＷＨとデータレイクは、「目的」が違う

以上のように、データ分析と活用においては、データの取り扱い方が重要な鍵を握る。今度はその観点から、ＤＷＨとデータレイクの違いを見てみたい。

ＤＷＨは基本的に「構造化データ」、データレイクは「非構造化データ」を含めて格納するツールである。この違いは、いい換えれば、ＤＷＨで扱うデータは利用目的が明確であり、データレイクに保存されるデータは明確な利用目的をもっていなくても構わない、ということでもある。

データにおける構造化の目的は、人間がデータを検索・参照・閲覧しやすくすることだ。いうなれば、人間のために翻訳したデータといえる。

最も基本的な例は、ＥｘｃｅｌやＣＳＶファイルに代表される「列」と「行」を基軸とする「表（テーブル）」の概念だ。ほとんどのシステムやアプリケーションから生成されるデータは、このような考え方にもとづき、構造化されてデータベースに蓄積されている。そして、それらの個々のデータベースを同じ構造のもとに積み上げていくというのが、ＤＷＨの基本的な考え方である。

一方、翻訳される前の生データをそのまま扱うデータレイクは、多様なデータを格納するツールといえる。ｅメールを通じたやり取りから、提案書・企画書・契約書といったビジネス文書やドキュメント、デザインデータやＣＡＤデータ、画像・動画・音声データ、センサーのログデータやＧＰＳデータなど、日常業務ではさまざまなデータが生成されている。これらの雑多なデータを含めて、データを網羅的に格納することがデータレイクの特徴であり、目的である。

このように、企業活動においては日々、さまざまなデータが生成されている。その中には、現状では使途が定まっていないものの、目的が生じた際にデータ統合すれば、いずれ活用できそうなデータが無尽蔵に存在する。その意味で、データレイクは「備えあれば憂いなし」のためのしくみといえる。

データは、企業を強くする源泉である。そのためには、個々のデータのポテンシャル（潜在価値）を認識し、価値を顕在化させるための準備をしておく必要がある。その備えこそ、データレイクに他ならないのだ。

たしかに、いっさい処理を加えていない非構造化データは、データ分析と活用においても扱いづらい。ただし、うまく加工できれば、これまでの延長線上になかった新しいデータ分析と活用の領域を拓く可能性がある。いい換えれば、データレイクへの期待は、データ分析と活用における柔軟性と拡張性を担保することともいえる。

しかし、異なる用途で発生したデータは単体で意味をもち、しかも膨大で、発生頻度も高い。そのため、データレイクではＤＷＨ以上に大きなストレージが必要になる。

また、データを扱いやすいように統一する設計や活用するための術は、人間の知恵に委ねられている。データレイクの導入にあたっては、決してこのことを忘れてはならない。

「データ分析と活用」を段階に応じて使い分ける

本書では、データ分析と活用の効果を最大化させるためには、データ環境を段階的に整備することが重要だと説いてきた。実は、ＤＷＨとデータレイクの関係性も、図５－１に示すように、ある意味で「段階的」ということができる。

図5-1　データウェアハウスとデータレイクの関係性

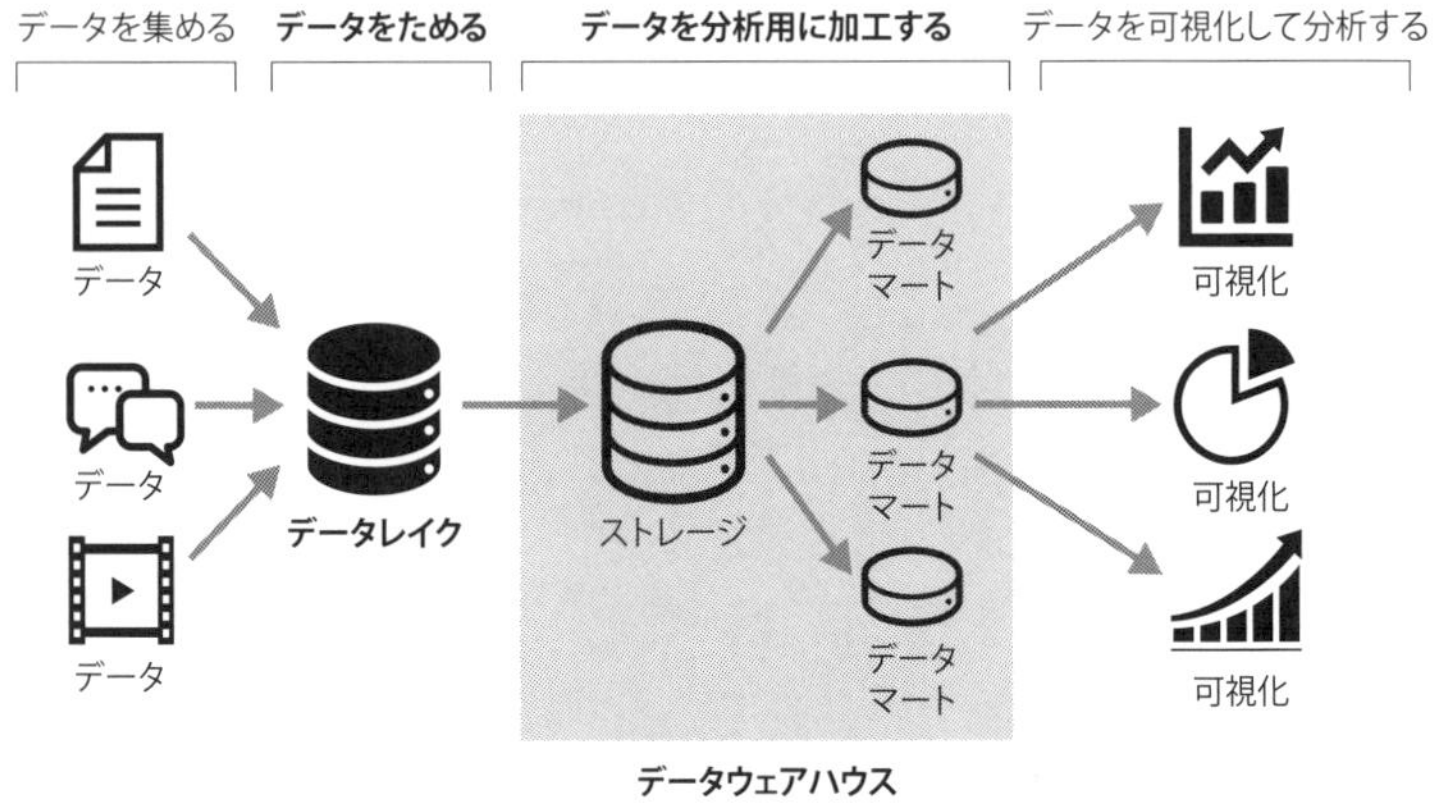

整理・統合されたデータを保管するため、ＤＷＨに蓄積・格納されるデータは、基本的に取捨選択されたデータといえる。その際に、残ったデータを一刀両断で切り捨てるわけにはいかない。いずれ価値を発揮するかもしれないからだ。

また、企業においては提案書や現場写真・映像など、さまざまな非構造化データも続々と生まれている。さらに、最近ではＩｏＴに関心を示す企業が増えている。

これらのデータの蓄積先は、多くの場合、データレイクになる。ただし、ひたすらデータレイク上に蓄積したところで、そのままでは分析できない。結局のところ、データレイクに蓄積されたデータから有用なデータを抽出して、それらをルールにもとづいてＤＷＨに移行するという手順が不可欠となる。

このように、データレイクはＤＷＨに蓄積・格納する「一歩手前の段階」で真価を発揮する。データ分析と活用の新しい道を拓くという意味で、データレイクはＤＷＨの「露払い」的な存在といってもいいかもしれない。

ところが、実際にはデータレイクを導入すればＤＸが実現できると、勘違いしているケースがまだまだある。たしかに、データ分析と活用には、分散している大量データを格納する場所が不可欠となる。データなくして、分析することはできないからだ。

ただし、一口にデータといっても多種多様で、整理・統合・正規化された構造化データもあれば、いずれ使う可能性がある非構造化データもある。これらを蓄積するのであれば、目的に応じて使い分けることが肝要だ。つまり、ＤＷＨとデータレイクのどちらも必要なのである。

技術の進化と経済性を踏まえて使いこなす

次なるテーマは「いかに使いこなすか」ということである。ここでは、テクノロジーの進化にも着目しなければならない。

ＤＷＨもデータレイクも、その根源はデータベースという概念に立脚している。企業システムの基盤として必要不可欠な存在であり、ＩＴの歴史そのものを物語る「枯れた技術」といわれるデータベースだが、実はいまなお目覚ましい進化を続けているのである。
よく耳にするリレーショナルデータベースは、１９７０年にイギリス生まれの計算機科学者Edgar F. Codd博士が提唱したといわれている。「列（縦軸）」と「行（横軸）」で構成される表（テーブル）形式でデータが格納されており、列は項目を、行はデータのレコードを示し、データ定義およびデータ操作を行うことができる。

　その代表がSQL ServerやMySQLなどで、主に複数のハードディスク（磁気ディスク装置）を分散配置して、大容量化に対応してきたことから、ディスクベースとも呼ばれている。

　また、これを管理するＲＤＢＭＳ（リレーショナルデータベース管理システム）には、データベースに指示・命令を与えるための言語や参照するためのしくみ、複数の処理を一つの処理として実行・管理してデータの整合性を担保するトランザクション処理、障害復旧やデータ保全のための冗長化・分散化といった機能が内包されている。

　このようなリレーショナルデータベースに蓄積されているデータを使って分析を行う際に、きわめて重要な役割を果たしてきたのがデータマートであり「キューブ（Cube）」と呼ばれる多次元のデータベース群である。

「列・行」というとＥｘｃｅｌの表を連想するかもしれないが、キューブはこれに加えて新たに「奥行き」のような軸をもたらす。まさしく、分析のディメンション（切り口）を立方体（キューブ）構造とするのである。ディメンションの組み合わせや階層を変えることで、データの関係性や変化などを理解することができるため、データ分析と活用に欠かせない要素となっていた。

ところが、最近、注目を集めているインメモリデータベースの登場によって、このキューブの存在感が薄れつつある。リレーショナルデータベースがデータを行（レコード）単位で扱うのに対して、これらのデータベースの多くが、データを列（カラム）方向で扱うことから、カラム（列指向）型データベースとも呼ばれている。

ＳＡＰ ＨＡＮＡをはじめ、Google Cloud PlatformのBigQuery、ＡＷＳのAmazon Redshiftなどがその代表格で、マイクロソフトやオラクル、ＩＢＭなども最新バージョン、次期バージョンで、続々とこの領域に参入しようとしている。

インメモリデータベースとは、言葉の通り、データを磁気ディスクで管理せずに、半導体メモリ上で管理する。最大のメリットは、大量データを超高速に処理できることだ。低速な磁気ディスクへのアクセスを不要とし、磁気ディスクと比べて１００倍以上の応答速度を実現する。また、処理をメモリ上で完結させることにより、従来のデータベースよりＣＰＵリソースの消費が軽減されるため、その使わないリソースを他の処理に割くこともできる。

ちなみに、現状においては複数のプロセッサを備えた1台のデータベースサーバーに、数百ギガバイトから数テラバイトのメインメモリを搭載することが可能となっている。このことは、多くの企業で利用されている従来のデータベースの容量を、そのままメモリに載せることができることを意味する。インメモリデータベースがいかに画期的であるか、おわかりいただけるだろう。

このように、データ構造、データアクセスがメモリ向けに最適化されているインメモリデータベースでは、時間のかかるクエリ（問い合わせ）を含めて、メモリにキャッシングしておくことができる。要は、キューブのインメモリ化により、キューブという概念自体を意識せずに運用することが可能になっているのである。

当初は、電源が落ちた際のハードウェア障害などでデータを消失するリスクが高いこと、大量データを扱う際に他の処理に使用できるメモリの容量が少なくなることなどが懸念されていたが、データ復旧機能やリソース管理手法の拡充により、これらのデメリットはかなり解消されている。

最大の問題は、高価であることだ。インメモリデータベースの導入にあたって、データベースサーバーに大容量のメモリを搭載する必要があるからだ。それだけに、運用に耐え得るメモリを搭載しようとすると、同容量のハードディスクやＳＳＤと比較して、はるかに高価になる。結果、投資に対する回収に時間がかかるため、むやみやたらに導入するわけにはいかないのである。

ＲＯＩの観点からインメモリデータベースのメリットを享受しようとするならば、ＤＷＨでの採用が向いている。その圧倒的なパフォーマンスは、データ分析と活用を大きく前進させるに違いない。

一方、将来において使うかもしれないデータを蓄積するデータレイクは、低コストで拡張が容易なディスク型のほうが適している。

このようにＤＷＨやデータレイクの導入にあたっては、技術面もさることながら、経済性を考慮することも肝要となる。

情報基盤編

ＥＴＬツール

データベースへの問い合わせやアクセスは通常、ＳＱＬ言語などを使って行われてきた。

しかし、このような方法は膨大なデータを格納するＤＷＨにおいては、非効率で決して好ましいとはいえない。データが膨大化するほど、パフォーマンスが落ちてしまうからだ。結果が表示されるのに、相当な時間を要することも覚悟せざるを得なくなる。

そこで、ＤＷＨ側に負荷を与えずに、ネットワークを通じてＢＩツールでアクセスする方法が望ましいとされているわけだが、そのためにはディメンションテーブル、ファクトテーブルといった一定の構造上のルールにもとづき、ＤＷＨのデータを整理する必要がある。これを「データモデリング」という。ここで留意すべきポイントは、いずれもデータ分析と活用に必要とされる分析軸や項目をあらかじめ明確にしてこそ、初めて作成できるということだ。その際に、データソースからＤＷＨにデータを格納するための一連のプロセスをＥＴＬ(Extract-Transform-Load)処理という。データの発生源となるシステムのデータベースやデータファイルからデータを抽出し、ルールにもとづいた変換・加工を施したうえで、ようやくＤＷＨに格納できるというわけである。

このプロセスを自動化するのがＥＴＬツールである。その意味で、ＥＴＬツールはデータ収集基盤と情報基盤をつなぐ役割を果たすといえる。

このＥＴＬツールもまた、多様なデータベースやファイル形式に対応したコネクタが用意されるなど、進化を続けている。最近では、ＳＡＰ ＥＲＰやSalesforceをはじめとするクラウド上のサービスとの連携コネクタまで標準装備している製品もある。

ＥＴＬツールの特徴は、処理フローをＧＵＩで設計でき、ノーコード・ローコードで変換処理を定義できることだが、この変換処理の多機能化も進んでいる。

ＥＴＬツールの詳細に入る前に、あらためて「データ統合」といわれる言葉の意味を再確認しておきたい。データ統合を一言でいえば、構造や形式が異なるシステム間のデータに整合性をもたせること、である。これまでは、多くの場合、より強靭なビジネスプロセスを実現する全体最適化に欠かせないキーワードとして、しばしば使われてきた。

このデータ統合は、データ分析と活用においても必須のプロセスとなる。データ間の整合性が担保されていなければ、分析も活用もできないからである。それだけに、第3章で述べた通り、ＥＲＰをはじめとするデータソース側で整合性を担保するのが理想的といえるが、現実問題として、そうはいかないケースが少なくない。したがって、このデータ統合をいかに効率よく行うかが、データ分析と活用の成果を左右するといえよう。ＥＴＬツールに大きな期待が向けられているのも、そのためである。

たとえば、先の「データ収集基盤編：ＳＦＡとＣＲＭ」の項目で説明した大福帳に由来する「大福帳型データベース」には、日々のトランザクションに関するさまざまな情報が記録されており、そのデータがいつ、誰が処理したかも時系列で把握できる。そのため、データ分析と活用におけるデータ統合においても、「大福帳構造」と呼ばれて、普遍的かつ代表的なデータ保持方式の一つとなっている。

1つのテーブル（表）の中に集計・分析するための軸（ディメンション）が数多く含まれている大福帳構造は、データ分析と活用において非常に望ましい構造といえる。豊富な軸をもつデータが階層的に蓄積されることにより、その軸からさまざまな指標を導き出すことができるからだ。

このように、データ分析と活用を実践する際には、発生源のデータを「抽出（Extract）」「変換・加工（Transform）」「書き出し（Load）」する作業が不可欠となる。この一連のプロセスを実行するしくみを構築するには、少なからずプログラミングが必要になる。

したがって、その担い手は従来、ＩＴの知識をもつ情報システム部門、もしくはＳＩベンダーに外注するのが常であった。このことは、変換加工処理自体に相応の時間・コスト・労力が求められていたことを意味する。

そこに新たな光をあてたのが、ＥＴＬツールに他ならない。エンドユーザー（現場）自身がドラッグ&ドロップといった視覚的操作で変換加工処理を行うことを可能としたからだ。

データ分析と活用においては、収集しやすいデータだけで分析していても、経営の本質にかかわる解決策はなかなか生まれてこない。データ分析と活用をイノベーションや新しい価値を創出する手段として位置づけるならば、より多次元的にデータを収集し、分析する環境が求められる。

実は、そのような発想にもとづくデータ分析と活用は、現場が起点となることも少なくない。その可能性を広げたのがＥＴＬツールであり、ＢＩツールを活用するうえで欠かせない、きわめて重要な「裏側」のしくみとなっている。

ここでは、ＥＴＬツールにスポットをあてて、データ分析と活用の新たな可能性を追求してみたい。

ＥＴＬツールの利点はノーコード・ローコード開発

ＥＴＬツールは、システム開発にかかわっている人にとっては、比較的、馴染みのあるツールではないだろうか。基幹システムをはじめ、さまざまなシステムに点在するデータをＤＷＨへ統合する際に、開発工数を削減することが可能だからだ。

データ統合を行うにあたっては、これまで個別にそのための実行システムを構築しており、高度なプログラミングが必要だった。当然、統合するデータベースの数や種類が多くなるほど、開発に工数を費やすことになる。そこで、データ統合に必要な部品を提供し、それらを容易に組み合わせることができるＥＴＬツールを使うことで、一からプログラミングをすることなく、システム構築することを可能にしようとするムードが醸成されつつある。

一方、ＥＴＬツールはエンドユーザーにとっては、耳慣れないしくみではないかと思われる。というのも、アメリカをはじめとする諸外国では、システム開発を自社の情報システム部門やエンドユーザー側が内製しているケースが多いが、日本ではほとんどの場合、ＳＩベンダーがシステム開発の中心を担っているからである。

その結果、情報システム部門は仕様策定に関与するものの、エンドユーザーがシステム開発にかかわることはほとんどない。そういう枠組みになってしまっているため、エンドユーザーにとって、ＥＴＬツールは遠い存在になっていたのである。

では、開発を主導するＳＩベンダーは、ＥＴＬツールをどう見ているのだろうか。実は、ある意味で、煩わしい存在として認識している。それぞれの製品に合わせた機能や操作を覚え、十分に使いこなせるように熟知しなければならないからだ。

それならば、従来通り、Ｊａｖａなどのプログラミング言語を使って開発してしまったほうが手っ取り早く、手間も少ないと考えるＳＩベンダーが少なくない。プログラムの開発工数に応じた報酬をもらったほうが、ビジネスメリットも大きいのである。

そうした枠組みができあがってしまっているため、企業内、とくにエンドユーザーにおいてはＥＴＬツールの出番がなかなか訪れないというのが、現状ではないだろうか。

ところが、課題解決や経営の意思決定を目的とするデータ分析と活用の領域では、ＳＩベンダーに任せ切りというわけにはいかない。自社ビジネスに直結するため、その根源はやはりユーザー主導であるべきだ。繰り返すが、データ分析と活用の実践はＢＩツールさえあれば実現できるわけではなく、データの変換・加工処理、クレンジング処理といった「データの裏側」の整備があってこそ、初めて成立するのである。

実際に、企業におけるデータ分析と活用の支援を行っている当社では、数多くのプロジェクトに携わってきたが、分析基盤を構築するにしても、ダッシュボードを設計・開発するにしても、プロジェクトの8割方はデータの裏側を整備する部分に重きを置いている。データを可視化し、ダッシュボードやレポートなどに出力する、いわゆるフロントエンドの作業は、プロジェクトの2割にも満たない。

それは、エンドユーザーが現場でデータ分析と活用を実践するケースでも、根本的には同じである。作業の8割にあたる裏側のデータ整備において、エンドユーザーに「Ｊａｖａでプログラミングしてください」といっても、無理な話なのだ。そこで、ＥＴＬツールのようなデータ変換・加工を現場に委ねるツールが必要になってくるわけである。

ＥＴＬツールの操作は、基本的にＧＵＩ操作で部品を組み合わせていく、「ノーコード」もしくは「ローコード」の開発環境となっている。ノーコードはソースコードを書かずにアプリケーションなどを開発する手法で、ローコードは少ないソースコードで開発する手法である。いずれもＧＵＩ操作を主体として、用意されたテンプレート上で部品（パーツ）を積み木のように組み合わせながら開発する手法である。

　このような開発環境は、技術的なハードルを低くするため、企業のデジタルシフト（ＤＸ化）にともなうエンジニア不足を解消する手立てとして、世界的に注目を集めている。『ＤＸ白書２０２１』（ＩＰＡ）においても、ＤＸ時代の開発効率を上げるためのツールの一つとして取り上げられている。

　ノーコード・ローコードに対して、Ｃ言語やＣ＋＋、Ｊａｖａなどのプログラミング言語を駆使していた開発環境は「プロコード（ガチコード）」と呼ばれている。プロコードに精通した開発担当者側からすると、最初からテンプレートや機能が決まっているＥＴＬツールは、汎用性や拡張性に乏しいため、自分が描いている設計通りにいかないこともしばしばある。その意味では、厄介な存在となっている。

　とはいえ、開発言語を知らない人たちにとっては、容易にデータの編集・加工処理ができるＥＴＬツールは有用であるに違いない。とくに、現場のエンドユーザーにデータ分析と活用を主導させるのであれば、強力な武器になり得るだろう。ＥＴＬツールを現場に定着・浸透させていくことにより、データの整合性担保といった障壁がなくなり、データ分析と活用のバリエーションを増やすことにもつながるからだ。

また、データの流れに対する理解が深まるため、現場のデータリテラシーの向上も期待できる。現場のデータリテラシーを高める手段がJavaの習得だったら、途端にハードルが上がってしまい、誰もが困惑してしまうに違いない。

「強み」と同居するETLツールの「弱み」

もっとも、ノーコード・ローコードを基本として「開発言語を知らない人でも開発ができる」「開発工数を削減できる」などを謳い文句にしているETLツールだが、実際には多くの課題が顕在化している。その最たるハードルは権限の問題だ。

たとえば、営業担当者にプログラムを作成する権限が与えられているケースは、きわめてまれだろう。そもそも、ETLツールを現場部門が使うこと自体、想定すらされていないのではないだろうか。また、ガバナンスの観点からも情報システム部門が担当すべきであるという認識が一般的である。

現場がデータ分析と活用に参加するためのツールであるにもかかわらず、ETLツールが現場に浸透しない理由は、そこにあるといっても過言ではない。現場主導のデータ分析と活用を求めるならば、まずはそこから考え直す必要がある。あわせて、操作を習得するための時間の捻出や、それを効率化するための教育研修の体系化などへの考慮も忘れてはならない。

しかしながら、現状の職務分掌から抜け出せない企業がほとんどである。そこで、ＥＴＬツールの担い手として白羽の矢が立てられるのは、やはり情報システム部門になる。これまで外注していた変換加工処理のためのプログラムを、せめて内製化していこうという発想へシフトするわけである。

たしかに、開発工数の削減はＥＴＬツールを導入する大きな要因の一つといえる。ところが、そこにも一長一短がある。

次の表5－1は、システム開発を行う際に一般的に用いられているウォーターフォール型開発の流れを表している。ここで注目していただきたいポイントは、ＥＴＬツールが省力化される領域が、「④コーディング」のフェーズのみに限定されているということだ。

結局のところ、その他のフェーズに寄与する要素はほとんどない。つまり、コーディングを効率化できたとしても、全体の工数を考えると、開発工数を極端に圧縮できるほどの貢献度はなく、ＥＴＬツールの導入コストを考慮してみても、コスト的なインパクトは少ないのである。

加えて、ＥＴＬツールのノーコードで作成した処理プログラムは、プロコードと比較すると

表5-1　ウォーターフォール型開発の流れ

ウォーターフォール型開発の流れ	
工程	詳細
①要件定義	システムの機能や、開発に必要となる予算や人員を決める。
②外部設計	ユーザーインターフェース（外見的な見た目のこと）を設計する。
③内部設計	システム内部の動作や機能、物理データ部分を設計する。
④コーディング	外部と内部設計にもとづき、実際にプログラムを作成する。
⑤単体テスト	作成したプログラムが、正しく機能するかテストをする。
⑥結合テスト	複数のプログラムを組み合わせ、正しく機能するかテストをする。
⑦運用テスト	完成したシステムが、実際の業務に使用できるかテストをする。
⑧リリース	テストが完了したシステムをリリースする。

決して洗練されたプログラムとはいえない。一見してバグやエラーは見出せないものの、ソースコードにガベージ（ゴミ）が点在し、それがシステム上のパフォーマンスを低下させるケースもある。

さらに、ＥＴＬツールの多くは処理性能の拡張性に乏しく、パフォーマンスがＣＰＵやメモリをはじめとするハードウェアのスペックに依存している。結果、トータルで考えた場合、ＥＴＬツールの導入を見送るケースも少なくないのである。

では、いま流行りのアジャイル型開発でＥＴＬツールを活用した場合はどうなるのか。

次の表5-2の通り、迅速な開発と変更をめざしたアジャイル型開発の特徴は、ウォーターフォール型とは逆に「前の工程に戻ること」を前提としている。ユーザーやクライアントからのフィードバックをもとに、②〜③の工程を繰り返すこと

表5-2　アジャイル型開発の流れ

<table>
<tr><th colspan="2">アジャイル型開発の流れ</th></tr>
<tr><th>工程</th><th>詳細</th></tr>
<tr><td>①企画</td><td>「どんなシステムやソフトウェアをつくりたいのか」を具体的に決める。</td></tr>
<tr><td>②イテレーション</td><td>計画、設計、実装、テストのサイクルを回す。</td></tr>
<tr><td>③リリース</td><td>完成したシステムをリリースする。</td></tr>
<tr><td colspan="2">②～③の工程を繰り返し行う。</td></tr>
</table>

で、システムを改良し、昇華させていこうというわけである。

ところが、ノーコードであるためＥＴＬツールで作成されるプログラムは基本的にブラックボックスになりがちである。また、設計書もなければ、十分なテストも行われず、いきなり本番を迎えることとなる。結果、エンドユーザー部門からクレームが生じた場合、手も足も出なくなってしまっている。ブラックボックス化されたプログラムを増やすだけで、アジャイル型の利点である「前に戻ること」への容易性すら担保できなくなってしまう。

このように、たとえデータソースからＤＷＨなどへデータを正しく格納するためのプロセスであっても、ウォーターフォール型における要件定義・設計・テストといった手順を欠いた開発は、大きなリスクをともなうことになる。ＥＴＬツールはコーディングを容易にするという利点はあるものの、一方で本来、最も重視されるべきコーディング規約や命名規約といったシステム作法を無視しても、プログラムを作成することができてしまう危険性をはらんでいるからだ。

それが繰り返されれば、「同じ名前で違う機能」が埋め込まれてしまったり、逆に同じ機能にもかかわらず違う名前で登録されてしまったりといった混乱が生じてしまう。これは決して笑い話ではなく、当社が実際に経験してきた事例である。やはりアジャイル型の開発にＥＴＬを活用する場合においても、ウォーターフォール型をベースラインとして、その手順に則って開発・実装していくことが肝要といえよう。

これらに鑑みると、ＥＴＬツールは便利でデータ分析と活用の可能性を広げるツールではあるものの、使いどころが難しいツールであることが認識できたはずである。

ユーザーにＥＴＬツールを開放し、自由に分析ができるようにするためには、まずは、ユーザーが自由にデータの取得や格納ができる環境（情報基盤）を整備・開放し、データベース内に適切な権限をほどこし、開発する際のルールや手順を徹底させる必要がある。そのため、ある程度データリテラシーの高いユーザーでなければ無理であるし、その環境を提供すること自体のハードルもかなり高いものになることを覚悟すべきであろう。

もちろん、差別化戦略や競争優位基盤の構築にデータ分析と活用が欠かせない企業では、膨大なコスト・期間・労力を費やし、前述の内容を実現しており、その努力には大変頭が下がる思いである。

ＢＩツール

一言でいえば、ＢＩツールとはデータから価値を見出すための道具である。そのためには、ただの数値にすぎないデータをインフォメーション（情報）に変換することが必要となる。実は、このこと自体がコンピュータの歴史そのものであることは、本書でも何度か述べてきた。勘や経験に立脚した経営から脱却して、システムに蓄積されているデータを抽出・分析・加工して、経営に活かしたいというニーズは早くからあったのである。

実際にＢＩ（Business Intelligence）という概念を初めて提唱したのは、ＩＢＭ研究所のHans Peter Luhn氏だといわれている。１９５８年に発表した論文の中で、ＢＩの可能性を示唆している。

しかし、当時のコンピュータは巨大かつ高価で、一握りの専門家だけが利用できる代物にすぎなかった。そのため、「企業活動を通じて生成されるデータを分析し、その結果からビジネス上の経営判断に有効な知見を得る能力、あるいはその手法」とする現在、定着しているＢＩの概念とはほど遠かったといえよう。１９８９年に、いまのＢＩに近い概念を提唱したのが、ガートナーグループのアナリスト、Howard Dresner氏だ。

このようにＢＩの概念は、決して新しいものではない。一方で、そのしくみとなるＢＩツールは、その機能を整備・拡張しながら現在に至っているが、基本的には①大量データ集計、②ビジュアライズ、③セルフサービスの3点に集約される。

ＢＩツールベンダーは、進化したＢＩを訴求したいがゆえに、データマイニングや統計解析などの機能を含めて「何でもできる」「どのような分析も可能」といい、多様なメッセージを発しているが、実際にはそれらは別の周辺ツールと考えたほうがよい。

たしかに、別のツールで分析した結果をＢＩツールに取り込むことはできるが、源泉となる思想も違えば、提供される機能の目的も異なっている。もちろん、予算も本来は別枠で考えるべきである。

どんなツールでもそうだが、大切なことは目的に沿ったツールを選択することだ。目的に応じて、段階的にツールを選定し、整備すればよいのである。目的を明確化せずに最初から手を広げてたくさんのツールを集めても、「何でもできる」という環境が、かえって何から手をつけてよいのかわからなくなり、結局、何にもできないことにつながるケースは少なくない。

そこで、ここでは①大量データ集計、②ビジュアライズ、③セルフサービスというＢＩツールの強みに絞って、その「使いこなし方」を考えていくことにする。

BIツールを「使いこなす」ということとは⁉

企業においてデータ分析と活用を推進するためには、当然ながら、ＢＩツールを使いこなすということが前提になる。そのためには、まずＢＩツールの強みを理解し、できることとできないことを明確にしておくことが大事である。以降、その強みとなる部分を紹介する。

①大量データ集計

現在、流通しているＢＩツールは、少なくとも数千万件、なかには数億件規模のデータ集計を可能としている。データ集計というとＥｘｃｅｌのイメージが強いかもしれないが、Ｅｘｃｅｌでは１０００万件のデータを集計することはもとより、開けることも容易ではないはずだ。仮に１０００万件のデータをテキストファイルで開けたところで、何をどうしてよいのかわからず、データはほとんど使い道がないだろう。

この規模の大量データを円滑かつ迅速に取り扱うことができる、というのがＢＩツールの最大の強みだといっても過言ではない。とくに、ビッグデータの時代といわれ、大規模かつ複雑なデータ処理が求められている現在においては、この優位性はデータ分析と活用において、ますます不可欠な要素となっている。

加えて、昨今のＢＩツールは、これまで専門家に依存するしかなかった多次元データの大量集計をエンドユーザーの手に委ねることを可能としている。イギリス生まれの計算機科学者であるEdgar F. Codd博士が提唱したといわれるＯＬＡＰ（Online Analytical Processing）による分析環境である。語義の通り、これはオンライン処理による分析を意味する。

リレーショナルデータベースの基礎理論を打ち立てたCodd博士は、１９９３年にエンドユーザーがデータベースの物理的構造に関する知識に依存せずにアクセスでき、多次元データの集計ができることなどをコンセプトとするＯＬＡＰを発表する。同時に、そのためにはネットワーク分散型の利用環境が必須であるとし、現在も主流となっているクライアント／サーバー型をＯＬＡＰ分析の前提として提唱した。

これにより、エンドユーザーがクライアントＰＣから基幹システムなどのデータ蓄積先に直接アクセスして、ＢＩツールを介して大量データを集計・加工・分析するＯＬＡＰ環境での分析ができるようになっている。

②ビジュアライズ

ＢＩツールの次なるメリットは、オンライン分析処理（ＯＬＡＰ）を行うことで、企業内に蓄積された膨大な量のデータを集計して、視覚化（ビジュアライズ）できることだ。ＯＬＡＰは、その役割の一端も担っている。キューブ（Cube）と呼ばれる多次元データ参照モデルを作成し、主に３つの手法を通じて、傾向やパターンをさまざまな角度から集計・分析できるからだ。

１つ目は、キューブを特定の断面で切り取り、２次元の表形式にして解析する「スライシング」と呼ばれる手法である。２つ目は、キューブをサイコロのように転がすイメージで、縦軸と横軸を自由に指定し、観点を切り替えながら解析する手法で「ダイシング」という。そして、３つ目が「ドリル」である。これにはドリルダウンとドリルスルーがあり、前者は集計結果からディテールを掘り下げる手法で、後者は元データの内訳を参照する手法である。

たとえば、一口に売上データといっても、実際には販売日時・販売店舗・商品・購入者の属性・性別など、さまざまなデータが含まれる。このような多次元データを定量的数値にもとづいて集計・分析することによって、年度別や昨年同月比などの売上高比較や製品別の収益比較、営業パーソンや販売代理店の成績などを把握でき、業績管理や市場分析などに活かすことができる。

その際にＢＩツールは、これらの結果を必要に応じて表やグラフ・チャートにビジュアライズする機能を提供する。多数の軸をもつモデルの分析を行う際には、分析の切り口もまた多様性が求められる。その際にＯＬＡＰでビッグデータを多次元的に集計・分析した結果がビジュアライズできれば、定量的数値で集計・分析し、ビジュアライズできるというわけである。

③セルフサービス

ＢＩツールにおけるセルフサービスとは、専門知識のないユーザー自身が分析やビジュアライズ、レポート作成などを行うためのサポート機能である。これにより、開発言語を扱えない一般ユーザーであっても、ＧＵＩによるドラッグ＆ドロップで、容易にデータ分析ができるようになった。

データ分析と活用の理想形は、分析はもちろんのこと、定期的なレポート作成、ビジュアライズされたダッシュボードの提供といったことが、エンドユーザー（現場）を含めて日常的に行われていることといえる。

しかし、第4章で述べた通り、実際には情報システム部門やＢＩＣＣがデータ分析と活用を主導していることが多い。レポーティングの作成やダッシュボードの構築・運用もまた、主として彼らが担ってきた。そこに風穴を開けようとしているのが、ＢＩツールのセルフサービスである。

データ連携からレポーティング、グラフのレイアウト修正などのメンテナンス作業まで、データ分析と活用に求められるさまざまな操作をエンドユーザー自身が視覚的に行えるＧＵＩ環境が用意されているのが特徴だ。いわゆるノーコード・ローコード開発をユーザーがクライアントＰＣから実行できるようになるため、意思決定のスピード向上や現場ニーズに合った運用ができると期待されている。

「データ分析と活用」におけるＯＬＡＰ分析の魅力と課題

ＢＩツールがエンドユーザーに委ねることができるようになった要素の一つとして、先にオンライン分析を可能とするＯＬＡＰについて説明した。そのＯＬＡＰもデータ分析と活用の新たな潮流の中で、変わりつつある。

ＯＬＡＰには、ＭＯＬＡＰ（Multiple OLAP）とＲＯＬＡＰ（Relational OLAP）があるが、現在のＢＩツールの多くは、この２つの方法を兼ね備えている。

いずれも、ＢＩツールとデータの蓄積場所となるＤＷＨをネットワーク経由でつなぐしくみであることに変わりはないが、ＭＯＬＡＰはＤＷＨなどにあるデータをＢＩツールに取り込んで分析を行う方法で、ＲＯＬＡＰはＤＷＨ側にあるデータを参照して分析を行う方法である。ＭＯＬＡＰを使った場合はＢＩツール側にデータが残り、ＲＯＬＡＰではデータはＤＷＨに置かれたままで参照だけを行う方法が採用されている。

ここでキーワードとなるのが、先に紹介したＯＬＡＰ分析を実行する際に作成するキューブである。実は、ＯＬＡＰとキューブは密接な関係にあり、ある意味、同義語ととらえることもできる。

データベースやＤＷＨなどに適用されるデータが、理解・分析しやすくするように整理されていることは、これまでも述べてきた。この整理された多次元データモデルは、データベースに実装された時点ではスタースキーマと呼ばれるが、ＢＩツールに実装された時点でキューブと呼ばれるようになるのである。

これを踏まえて、あらためてＭＯＬＡＰとＲＯＬＡＰの違いに話を戻すと、ＭＯＬＡＰでは必要とされるデータをＤＷＨなどからあらかじめ抽出し、ＢＩツール側にキューブとして保存することで分析を実行する。いうなれば、自己完結型といえる。

一方のＲＯＬＡＰは、キューブの定義だけをしておいて、必要に応じてＤＷＨなどにアクセスし、必要なデータを参照しながら分析を実行する。そのため、複雑なクエリになるとパフォーマンスが落ちる、という欠点が指摘されていた。

そこで、ＢＩツールの導入が進んだ当初は、ＭＯＬＡＰを採用して分析を行うケースのほうが多かった。ところが、昨今ではインメモリ型データベースサーバーをはじめとするハードウェアの性能が著しく向上し、ハイパフォーマンス、高速アクセスを可能とし、データが最適化された多次元データベースなるものが、ごく当たり前のツールとなりつつある。そのため、ＲＯＬＡＰへのシフトが顕著なのである。

この潮流は、同時にＭＯＬＡＰの弱点を露呈する結果にもなっている。ＭＯＬＡＰにおいては、ＤＷＨなどからデータを移してくるためのインターフェースや、キューブを作成する際のプログラムが必要となるからだ。そこが、エンドユーザー主導のデータ分析と活用を推進するうえでの障壁となっていたのである。

また、必然的にデータの二重もちとなるため、リソースの圧迫や内部統制の観点、差分更新の正確性など、運用面での課題も指摘されている。

このように、ＭＯＬＡＰとＲＯＬＡＰにはそれぞれメリットとデメリットがある。どちらを選択するかは、やはり目的に応じて、使う側のリテラシーに応じて、ということになるだろう。

以上のように、ＢＩツールが強みを発揮できる範囲は限られている。では、ＢＩツールの弱点は何かというと、先の３つの強み以外は「できない」ということに他ならない。つまり、別の観点からデータ分析と活用を実践するためには、違うツールが必要になるということだ。

そのようなＢＩツールを補完する機能・役割をもつ周辺ツールとしては、大量データから価値あるデータだけを抽出するデータマイニングツール、予算計画や売上計画、生産計画などの計画立案と管理をサポートする予算管理ツールをはじめ、多々あるが、まずはＢＩツールの基本機能を使いこなすことが肝要だ。やみくもにツールを増やしたところで、当初描いていたデータ分析と活用の目的自体が不明瞭になってしまっては本末転倒だろう。その目的を達成するうえで、他のツールの必要性を感じたら、そのときに別の選択肢を探すというのが正しいステップである。

データ活用基盤編

予算管理ツール

予算とは、目的を達成するために必要な収益やコストを計画することである。そこで注目されるのが、担当者の経験と勘に依存していた予算の策定・計画の正確性を担保するとともに、予算と実績の溝を埋めることで、より客観的で総合的な経営管理を実現することが期待されている予算管理ツールである。

とくに、データ分析と活用の観点においては、予算・計画を踏まえて的確な将来予測を行うことが、過去や現在の分析以上に大きな価値をもつ。それが、企業の成長に直結する経営の意思決定の源泉となるからだ。

これまで、予算の策定・計画は多くの場合、Ｅｘｃｅｌを使って各部門の担当者がＰＣの画面とにらめっこしながら行ってきた。予算管理用のＥｘｃｅｌフォーマットも部門ごとにまちまちで、しかもそこに入力される数字は担当者の主観が入り混じっている。

当然、そこに入力される数字の根拠も担当者のロジックに委ねられているため、曖昧さがつきまとう。意欲的な担当者であれば大胆な数字を入力するだろうし、慎重な担当者であれば控え目な数字になってしまいがちだ。

加えて、予算の策定・計画は期単位で実施されるため、進行中の案件については思惑が交錯することも考えられる。数字とはいえ、きわめて定性的なのである。これでは、データ分析と活用で将来予測を実施したとしても、経営の意思決定に資する「解」は出てこない。

このような状況から脱するためには、システマチックになった予算管理のしくみを導入することである。モニタリングやシミュレーションを通じて、属人化・ブラックボックス化していた数字を客観的に評価し、各部門が策定・計画したデータの収集を自動化して、必要に応じて分析できるしくみであり、実績データと突合した分析ができれば、曖昧だった数字の根拠を逐次、修正することも可能になる。

これらの機能を提供するのが、予算管理ツールだ。Ｅｘｃｅｌから予算管理ツールへの移行を進める企業が増えつつある背景には、やはり予算管理においてもデータ分析と活用へのニーズが高まってきた事情がある。部門横断でより大量のデータを分析するには、Ｅｘｃｅｌだけでは心許ないこともあるが、最大の目的は経営の意思決定に反映できる正しい分析結果を導き出すことだ。

そのためには、入力精度の向上はもとより、承認フローを含めて、予算の数字の信憑性を高めることが不可欠となる。そこで、ここでは期待される改善効果を中心として予算管理ツールへの理解を深めていくとともに、データ分析と活用との関連性を追求していくことにする。

予算管理ツールに期待される改善効果

先に、予算管理ツールを導入するねらいが予算管理プロセスをシステマチックに変えることにあると述べた。その理由は大きく分けると、次の３つの機能を提供するからだ。①データ収集の効率化、②承認ワークフロー、③スピード対応である。これらは、従来のＥｘｃｅｌとメールを基軸とした予算管理の運用方法と比較するとわかりやすい。

まずは①データ収集の効率化だが、企業における予算策定・計画は、ほぼすべての部門で実施されているといっても過言ではない。大企業では、営業部門だけでも製品別・エリア別に細分化されているだろうし、関連会社や海外拠点もある。その数が優に１０００を超えるケースもあるだろう。

この場合、従来のＥｘｃｅｌによる運用は非常に煩雑で、とてつもない手間が発生している。１０００部門すべてにイントラネットを通じて作成依頼のメールを送信することに始まって、すべての部門からメールでＥｘｃｅｌシートが返信されるのを待つしかない。なかには、提出が遅れる部門もあって、催促の必要も生じるだろう。

また、入力された数字が納得できるものでなければ、そのたびに修正を依頼しなければならない。さらに、グローバルで連結予算を収集する際には、イントラネットの範疇にない関連子会社も想定される。この場合、インターネット経由でこのようなプロセスを実行しなければならないため、情報漏えいリスクにも十分な配慮を行う必要がある。

しかも、これらのＥｘｃｅｌデータのフォーマットやコードが統一されているとは限らない。むしろ、予算の策定・計画を担当者に依存している現実に鑑みると、統一されていないケースが多いことは想像に難くない。そうなると、たとえすべてが集まったとしても、データの整合性を担保するためのデータ統合を行わない限り、データ分析と活用を実施することは難しいだろう。

これに対して、共通のデータベースで一元管理されている予算管理ツールでは、このような手間がほぼ解消されている。データ収集を自動化する機能も実装されており、収集されたデータも統合されているため、すぐに分析を始めることができる。

また、最近ではクラウドサービスで提供されている予算管理ツールも多く、どこからでも入力ができることに加えて、堅牢性も兼ね備えている。このように、予算策定・計画から管理・分析までを安心・安全な環境で一貫して実行できることが、予算管理ツールの大きな利点なのである。

次に②承認ワークフローだが、当然ながら、予算には承認が不可欠なファクターとなる。先に予算数字の曖昧性について言及したが、この承認フローの精度と意義を高めることこそ、予算数字の信憑性を担保する手立てとなるからだ。

担当者が熟考して入力した数字であっても、必ず部門長や担当役員などのチェック・承認を経て、経営トップの目に触れることとなる。予算管理ツールの多くはワークフロー機能を実装しているため、このプロセスを自動化することができる。

これにより、通達さえ出しておけば、担当者が入力すれば上司へ、上司がチェック・承認すれば部門長や担当役員へ、といったルートで自動的に可視化され、ボトルネックになっている箇所では承認をうながすことも可能だ。さらに、承認された入力データは自動的に収集され、最終的にデータベースで一元管理されることになる。

また、予算管理において日常的に行われているのが「差し戻し」である。何度も差し戻されて、ようやく経営者が納得できる数字に帰結する。このようなケースでメールベースの運用をしていると、作業が煩雑になってしまうだろう。予算管理ツールの承認ワークフロー機能は、予算にまつわる手間を大幅に解消してくれるのである。

ワークフローは経費精算などの承認プロセスなどで利用されることが多いが、予算の策定・計画においてはガバナンス上、さらにきめ細かいしくみが求められる。そのため、予算管理ツールにはユーザー権限の設定から「誰が・いつ・何をしたか」といった操作ログの取得まで、内部統制に対応した機能も充実している。

このように、予算管理ツールはワークフロー階層が多重かつ複雑であればあるほど、真価を発揮するといえるであろう。

最後に③スピード対応だが、予算管理ツールは、何も予算策定だけに利用されるものではなく、見込管理にも活用可能である。ほとんどの企業が、月次で今月の着地予想を作成しているはずで、この場合、入力し、取りまとめて報告に至るまでのサイクルが短い。

このようなケースをＥｘｃｅｌとメールで運用すると、期日まではほとんど他の仕事ができなくなるだろう。見込作成に集中できたとしても、タイムリミットに間に合わないケースもあり得る。

予算管理ツールなら、この入力・まとめ・報告といった一連のプロセスのうち、人間でなければできない「入力」に集中することができるのだ。精度の高い入力さえしておけば、後は自動的にデータが収集され、集計・レポートを自動生成することができる。

このように、短期間もしくは作成頻度の高い着地予想を講じようとする際に、予算管理ツールは大きな有用性を発揮するのである。

予算管理ツールのもう一つの魅力とは⁉

今度は、予算管理ツールとＢＩツールを比較してみよう。前述した通り、ＯＬＡＰ分析を基本とするＢＩツールは「入力」ができない。それに対して、予算管理ツールはデータを「入力」することが前提となっている。ここが予算管理ツールとＢＩツールの最大の違いといえる。

一方、共通するのは、ともにデータを統合・分析し、情報を可視化するためのツールであるということだ。その意味からすると、予算管理ツールは極端にいえば、「入力ができるＢＩツール」と位置づけることさえできる。

実際に、予算管理ツールの仕様は予算入力のためだけのしくみにはなっていない。予算の策定・計画から予算シミュレーション、予実管理など、予算に関するさまざまな機能を提供しているのである。

そこでクローズアップしてみたいのが、「入力」というフェーズだ。ＥｘｃｅｌもＷｏｒｄもエンドユーザーに欠かせないツールだが、起動した段階は白紙状態で何も記述されていない。そこに何を記述するか、ということが重要なのである。

予算管理ツールも同様で、エンドユーザーが何を「入力」するかが、その有用性を左右する。その意味で、裏側にある基幹システムのデータと連携しつつ、そこに自由に追加データを入力できる予算管理ツールは、優れた分析ツールになり得る。予算管理のみならず、さまざまな報告書や会議資料などの作成に応用することもできるだろう。

この点、ＢＩツールはあえて入力ができないように設計されている。

たとえば、データ分析と活用においては必ずといっていいほど、手元にあるＥｘｃｅｌファイルのデータと組み合わせて分析したいというニーズが生じる。この際、ＢＩツールではまず裏側からＥｘｃｅｌデータを投入しておくというステップが必要となるため、作業が煩雑になりがちである。それが「入力」を前提としている予算管理ツールでは、シンプルに実現できる。単に予算管理を効率化するだけでなく、入力ができるという自由さこそ、ＢＩツールにはない魅力なのである。

これだけある!!　予算管理ツール導入のハードル

予算管理のみならず、データ分析と活用の新しい可能性を広げる予算管理ツールだが、もちろんデメリットもある。その１つは、非常に高価だということだ。加えて、システム構築の難易度も高い。

したがって、導入にあたっては、そもそも現状のＩＴ環境のままで導入できるかどうかを含めて、十分な検証と見きわめが必要となる。ここでは、そのポイントについて、予算管理で使われることの多いＥｘｃｅｌと比較しながら、解説していきたい。

最初に考えなければならないのは、分析軸とコードの問題である。周知の通り、自在に入力ができるＥｘｃｅｌでは、システム上に存在しない分析軸やコードであっても、それらを柔軟に追加・変更することができる。それが、予算管理ツールに移行しようとした瞬間に、その分析軸のマスターが必要になる。

ところが、実際の予算の分析においては、案件をはじめブランド、チャネルなど、定性情報に近い分析軸が重要な意味をもつ。現実問題として、企業の基幹システムにおいては、このようなアイテムがシステムに内包されていないケースが少なくない。

たとえば、市場に投入される寸前の新製品は、間違いなく予算の策定・計画に不可欠なアイテムとなるが、基幹システムの商品マスターにはまだラインナップされていない。このようなケースでは、予算管理ツールの導入は難しいだろう。導入しても混乱を招くだけで、従来通りＥｘｃｅｌを使い続けたほうがはるかにベターといえる。

次なるポイントは、定性情報への対応ができないということだ。たとえば、中期計画などにおいては戦略が重視されるだけに、多くの定性情報が含まれる。投資計画もまた、時間の推移や環境の変化に左右されるため、定性情報への依存度が高い。システムで管理可能な定性情報は、せいぜい簡易なコメント程度となるだけに、このような領域を予算管理に含めたい場合も、やはりＥｘｃｅｌで管理するほうが向いている。

もう１つのキーワードは「論理化」である。実は、予算管理ツールの導入でつまずくケースでは、ここに気づいていないことが多い。その理由の１つは、Ｅｘｃｅｌとの違いが十分に認識されていないことにある。

基本的に鉛筆舐め舐め、画面とにらめっこの世界に近いＥｘｃｅｌのメリットは、融通性が高いことにある。極端な話、上から「予算を10億円上乗せしろ」との指令があれば、その数字を変更・入力するだけで、ことは済んでしまう。そこで、予算管理ツールで厳格化することが求められているわけだが、逆に予算管理ツールは「論理化」の上で成り立っているため、正しいロジックに立脚して使わない限り、意味をなさないのである。

たとえば、建物や備品の減価償却費など、部門や製品を横断して発生する間接費の管理に用いられる配賦基準である。実は、この配賦基準ロジックが曖昧にされているケースが少なくない。また、配賦元データに例外データが多く混在しているケースもある。これでは、予算管理ツールは役に立たない。結局のところ、Ｅｘｃｅｌの融通性に頼るしかないのである。

先に予算管理ツールを「入力できるＢＩツール」と定義したが、同じ「入力」を主とするＥｘｃｅｌとは目的が大きく違う。Ｅｘｃｅｌが融通性・曖昧性・柔軟性に富んだ入力ができるのに対して、予算管理ツールにおける入力は厳格性を担保することが前提となる。

このことが、予算管理ツールの導入をさらに難しくしている。というのも、計画は、将来実現しようとする目標と、そこに到達するための手段や段階を組み合わせて成立する。そのため、常に環境の変化に応じて軌道修正を図っていくことが必然となるからだ。

そのことは、予算の策定・計画においても同じである。当然、軌道修正を実効性があるものにするためには、分析軸などの検討・見直しが不可欠となる。少なくとも、年度単位で見直す必要はあるだろう。

これは、予算管理ツールではその都度、システム改修が発生することを意味する。メンテナンスの規模・内容によっては現場で対応できるケースもあるかもしれないが、多くの場合、対象システムの技術者をアサインし、期限内で改修対応を行うこととなる。

この点が、一度構築してしまえばその仕様で継続して使い続けるＥＲＰをはじめとする基幹システム系との大きな違いである。むしろ、予算管理ツールは経営者の意思を強く反映させるしくみであることを、十分に認識していただきたい。

つまり、このメンテナンスの頻度とコストを念頭に置かなければ、予算管理ツールの有用性を追求し切れないのである。逆にいえば、Ｅｘｃｅｌから予算管理ツールへシフトすることは、Ｅｘｃｅｌのもつ融通性・曖昧性・柔軟性といった利便性を排除することを覚悟しておく必要があるのだ。

また、予算の策定・計画においては、目標への達成度合いを把握する予実管理を重視している企業も多い。もちろん、予算データだけであれば、システムのパフォーマンスに与える影響を考慮する必要はない。ところが、予実管理を実行しようとして大量の実績データを投入した途端、予算管理ツールのパフォーマンスが著しく低下するだろう。

ここで思い出していただきたいのが、第3章で説明した「『間違いだらけのデータ選び』を正解に導く4つのポイント」の一つに挙げたデータの「粒度」である。予算管理ツールにおいて、基幹システムに蓄積されている実績データと同レベルの粒度で保持しようすれば、パフォーマンスの劣化を招くのは当然のことといえる。そもそも、実績データと予算データでは、データボリュームの考え方がまったく違うからだ。しかも、粒度を細かくしすぎると、予算管理ツールに入力する数字そのものが非現実的となってしまうことにも、十分に配慮する必要がある。

蛇足となるが、ＳａａＳで提供されている最新の予算管理ツールなどは、実績データにもとづく予実管理を実行しても、仕様上はパフォーマンスに影響を与えないようなしくみになっている。しかし、トランザクションを含めた実績データは膨大な量となるだけに、ストレージに対するデータ量の課金が生じ、相当な金額になってしまうことを覚悟しなければならない。それならば、各々のデータをうまく切り出して、別のＢＩツールで予実管理を行ったほうが現実的だということを付け加えておく。

ここまで説明してきた通り、予算管理ツールにはメリットもあれば、障壁となるデメリットもある。それを踏まえて予算管理ツールの導入に踏み切るならば、まずはそのためのハードルを低くする施策を構築しておくことが前提となる。

具体的には、少なくともコード体系・フォーマット・ワークフローを統一し、予算に関する部門間の齟齬を解消しておくことだ。これらは業務改革にもつながるだけに、きわめて重要なポイントとなる。

また、ＥｘｃｅｌやＢＩツールとの違いや共通点を理解して、うまく使い分けるという発想をもつことも大切だ。高額な投資が必要となる予算管理ツールのＲＯＩを高めるためにも、データ分析と活用においては、目的に応じた適材適所のツールを見きわめて活用することが、重要な分岐点となるのである。

データ活用基盤編

RPA

ＲＰＡ（Robotic Process Automation）は、主としてＰＣを使うバックオフィス業務を自動化するためのツールである。とくに、企業において最も難しいとされてきたホワイトカラーの生産性向上のため、日本でも政府が打ち出した「働き方改革」の推進に寄与するとして大きな期待を集めている。

実際に企業におけるバックオフィス業務は、電話やＦＡＸ、メールなどによる購入受付（受注）から各種伝票の起票、関連部署への情報通達、在庫・納期のチェック、承認、顧客への返答・返信、発送手配、売上登録、発送記録、入金確認など、多岐にわたる。また、一連の業務プロセスが確立されているため、この一部にボトルネックや人為的ミスが生じると、業務全体の停滞やビジネス機会の損失につながることも多い。

そこでＲＰＡの導入に踏み切る企業が増えているが、いずれも最初に直面するのは、どの業務から適用すれば効果が得られるか、ということだ。

ＲＰＡが最も得意とする領域は、定型業務の自動化である。反復作業が多く、時間を要するなど、人間では面倒に感じる単純作業の自動化において、大きな効果が期待できる。実際に、データの登録・転記、Ｗｅｂサイトからの情報収集、メール送信やワークフローの実行、特定条件での検索、異常値やデータ・記載のチェックなどに適用されているケースが多い。人間と同様、ロボットにも適材適所があるわけだ。

その一方で、ＲＰＡを万能の自動化ツールととらえ、すべての業務を含めて適用しようとする動きもある。というのも、ＲＰＡにはＧＵＩベースのノーコード・ローコード開発で自動化プログラムを作成できる機能が搭載されている。要は、これを使えばさまざまな業務改善に取り組めるという勘違いが生まれているわけである。

ＤＸに積極的に取り組んでいる企業ほど、その傾向が顕著に見られる。しかし、ノーコード・ローコードで開発できる一方、汎用性に乏しい。そのため、多くの場合、うまく適用できないと考えたほうがよい。最近では、Ｊａｖａなどの汎用的な開発言語との親和性が高いプロコード対応のＲＰＡ製品も登場しているが、それはすでにＲＰＡとはいい難い。一種の開発環境ととらえるべきだろう。

ＲＰＡと「データ分析と活用」の微妙な関係

前述した通り、ＲＰＡは使い方が限定されるツールである。適用できる業務範囲は、基本的に定型業務に限られる。それだけに、問題は実際に適用できる業務がどの程度あるかということだ。

たとえば、大量ファイルの自動印刷やＥｘｃｅｌシート間のデータ突合、Ｅｘｃｅｌから他システムへの転記はＲＰＡが最も得意とする領域とされているが、このような自動処理はＥｘｃｅｌマクロで解決してきたことでもある。

また、ＲＰＡは既存の書類にひと手間かけて、定期的に自動で大量印刷を実行するといった領域でも使われているが、これもまたシステムの裏側でジョブを組んでバッチ処理で印刷させる方法が採られてきた。ＲＰＡを導入するまでもなく、これまでつちかってきた自社のＩＴスキルやＩＴ資産で解決を図れる可能性もあるのである。したがって、ＲＰＡの導入にあたっては、導入後の効果や変化を検討材料として、ＲＰＡの価値を十分に確認しておくことが必要だ。

ただし、データ分析と活用を推進していくに際して、ＲＰＡが有用性を発揮する場面もある。社外システムにアクセスしてデータ収集するケースだ。

たとえば、公開されている取引先の購買システムにアクセスして自社の販売データを定期的に登録したり取得したりする、特定サイトに公開されている統計データを定期的に収集する、などといったケースが想定される。

このような外部からのデータ収集は、データ分析と活用に新しい分析軸を与え、その可能性を広げることにつながる。

また、紙書類や画面のデータ化にもＲＰＡは活用できる。もちろん、これを実現するにはＯＣＲ（光学的文字認識）ソフトと組み合わせる必要があるが、書かれた手書き文字や表示された文字などをＯＣＲで読み取りデータ化、それをＲＰＡで転記しデータベースに格納するなど、自動化が行える。

このように、ＲＰＡをデータ分析と活用のバックグラウンドとして機能させることが、効率化・省力化のツールであるはずのＲＰＡを価値創造ツールへと転換させ、投資効果を高める近道になるはずだ。

データ活用基盤編

ＡＩ

データ分析と活用の未来を支えるテクノロジーやツールとして、将来において最も期待されているのは、やはりＡＩであろう。本書では、経営の意思決定に役立つデータ分析と活用を目的とする、いわゆる「構造化データ」を中心に、その扱い方やステップに言及してきた。実は、ＡＩが得意とするのは、この本筋とは一線を画する。データベースに依存せずに日々の業務で生成されている「非構造化データ」をはじめ、これまでのデータ分析と活用の範疇になかった領域で本領を発揮するからだ。

第３章で述べたが、非構造化データは「収集されたままのデータ」もしくは「アプリ固有のデータ」の形式で格納されているデータであるため、データ分析と活用には使いづらい。たとえば、非構造化データにはドキュメントやテキストデータ、画像・動画・音声データ、センサーのログデータ、電子メールなどがあるが、従来のコンピュータではこれらを分析することはもちろん、認識することさえ難しかった。

これを可能にするのが、ＡＩの一種に位置づけられる機械学習（Machine Learning）、画像解析、自然言語処理である。これらの進化には、いずれも人間が自然に行っているタスクをコンピュータに学習させるための技術手法である深層学習（Deep Learning）というテクノロジーが根底にある。人間の神経細胞回路（ニューロン）のしくみをモデル化したニューラルネットワークを多層階層で構築し、アルゴリズムと呼ばれる問題を解く手順にもとづいて、それぞれのデータに含まれる特徴を段階的に、より深く自動学習することを可能にするテクノロジーである。画像・テキスト・音声などの領域では、すでに人間を凌駕するほどの高い認知精度が実証されている。

その象徴的なトピックスとして語り継がれているのが、２０１６年、コンピュータが人間に打ち勝つことが最も難しいと考えられてきた囲碁において、ＡＩ囲碁ソフト「AlphaGo」が多くの国際タイトルを保持するチャンピオンにハンディキャップなしで圧勝したという事実である。

それまで、囲碁は数あるボードゲームの中でも最も創造的・戦略的、かつ複雑であるため、コンピュータが人間に打ち勝つことが最も難しい領域と考えられてきた。囲碁は盤面が広く、着手可能な手がきわめて多いため、一説では、考えられる手数が約10の１７０乗通りにのぼるといわれている。これでは、いくら探索スピードが速いＡＩであっても、プロの棋士に勝つことは不可能だと思われていたのだ。その常識を覆したのがニューラルネットワーク、すなわち深層学習を応用したAlphaGoであった。

この他、画像認識・音声認識・自動翻訳などの分野においても、ＡＩは人間を凌駕する認識精度を実現しつつある。たとえば、Ｇｏｏｇｌｅの画像解析技術は、人間・犬・寺といったように属性を判別するのみならず、人間の表情、犬種、寺の名称・場所の特定までを正確に読み取れるまで進化している。

また、自然言語処理の領域では、ＡＩテキストマイニング技術を用いて、データ間の類似度にもとづいてデータをグループ分けする論文のクラスタリング分析、ネットワーク解析を行うアプローチが展開されている。膨大な数の論文や過去の判例から解やヒントを抽出できるため、とくに医学界や法曹界での活用が進んでいる。ＡＩが非構造化データの分析を可能とする背景には、このような著しい技術革新がある。今後、この技術はさらに進化していくに違いない。

その中にあって、ＤＸの先端を走っている企業においては「リアル×テクノロジー」「リアル×デジタル」といったキャッチフレーズが掲げられている。ここでいうリアルとは、非構造化データを含めた現況を通じて生成・収集・蓄積されるあらゆるデータであり、テクノロジーやデジタルの多くはＡＩを指す場合がほとんどだ。

したがって、ここでは「企業を変革するテクノロジー」として脚光を浴びているＡＩの現在地と、今後の可能性を探っていくことにする。

ＡＩで実現できる「企業変革」とは!?

企業変革という言葉が叫ばれて久しいが、多くの企業ではそれを合言葉に、従来の延長線上にはなかった新しい付加価値やビジネスモデルの創出に注力している。しかし、その境地に到達するためには、さまざまな障壁をクリアしなければならない。そこで、そのためのブレークスルーを引き出す手段としてデータに着目し、データ分析と活用を推進しているといっても過言ではない。

本書では、これまでデータ分析と活用においては、企業に分散・サイロ化されてしまっているデータを統合することの重要性を説いてきた。しかしながら、企業が所有しているデータが、その限りでないことも事実である。

たとえば、ファイルサーバーに蓄積されているドキュメント、業務の進捗やプロセスを記録する写真や映像、センサーなどを発生源とするログデータなど、まさに無尽蔵ともいえるデータが日々、生成されている。

この無尽蔵な非構造化データと新たなデータの創出という観点で、大きな可能性を引き出してくれる技術がＡＩである。第３次ＡＩブームと呼ばれる現在のＡＩは、２０００年代に入ってから花開き、ビジネスの領域においても本格的な実用化段階を迎えつつある。とくに、機械学習・画像解析・自然言語処理・音声処理の領域で、さまざまなチャレンジが展開されている。

とはいえ、ほんの数年前までは、ＡＩに向けられた期待は夢物語にすぎなかった。テクノロジーの普及度やトレンド遷移を「黎明期・過剰な期待のピーク期・幻滅期・啓発期・生産性の安定期」の５段階に区分しているのが、ガートナーがプロットした「ハイプ・サイクル」であるが、ＡＩもまた「過剰な期待のピーク期」においては過度な期待が向けられていた。その一方、ＡＩによって人間の仕事が淘汰されるのではないかという危機感が示されたことも、記憶に新しい。

そうした状況を変えたのは、やはり先進企業の取り組みである。実際に、ＡＩがブームにすぎなかった当初は、当社にも五月雨式にＡＩのＰｏＣ案件が舞い込んでいた。しかし、最近ではより具体性をもった相談が増えつつある。その理由は、多くの企業や経営者がＡＩに

「できること」と「できないこと」を認識し始めたからだろう。

ＡＩで実現できる企業変革とは、決して戦略ありきではなく、目的ありきだ。ＡＩを導入すべき領域を、企業価値を踏まえた目的から絞り込んでこそ、ＡＩは真価を発揮する。つまり、企業変革もまた目的の延長線上になければならないのだ。

本書では、データ分析と活用においては目的を明確化することこそが重要であると繰り返し説いてきたが、ＡＩも同様なのである。

ＡＩによる「データ分析と活用」は、夢から現実へ!?

ＡＩでは機械学習、画像認識・解析、自然言語処理の領域でさまざまなチャレンジが展開されている。代表的な例としては、機械学習では来客分析、生産量予測、需要予測、また画像認識では自動運転、物流倉庫の自動化、行動分析、自然言語処理における問い合わせの自動対応、論文などのキーワード分析、ＳＮＳの投稿分析などが挙げられる。

ここで気がついた人もいるかもしれないが、ＡＩの領域においてもＢＩと同様、「分析・解析」という言葉が目につく。同じく「Intelligence（知）」を含む言葉であり、いずれもデータが基本になっているだけに当たり前といえばそれまでだが、実は同じ「分析・解析」であっても、共通点もあれば違う点もある。

共通点は、データを基軸としていることに加えて、最終的には人間の「知」に帰結するというところだ。これまで述べてきた通り、ＢＩは企業に蓄積されている膨大なデータを分析することによって、人間の意思決定に役立つ情報を導き出し、わかりやすく可視化するための技術である。分析を通じて「知」を得るための手法やプロセスはもとより、結果にもとづく判断も人間に委ねられている。

ＡＩは、機械（コンピュータ）を通じて大量のデータを超高速に計算することによってパターンや特徴を導き出し、推論・判断を行う技術である。計算自体は機械が行うため、人間の介在を最小化するしくみともいえるが、計算の核を担うモデルやアルゴリズム、ロジックは、やはり人間の頭脳に委ねられている。

一方で決定的な違いは、２つある。１つは、「判断」のプロセスである。

ＢＩでは、集計された分析結果から人間が判断を行い、次のアクションへとつなげていく。経営の意思決定は、まさにそのことを象徴する言葉といえる。

これに対して、ＡＩではコンピュータ自身が判断を下し、必要に応じて次なる処理や手続きに進めることを前提としている。

また、ＢＩは基本的に「仮説・検証」によって成り立っているが、ＡＩでは人間の想定外の「解」を導き出す手法としても用いられている。その代表例が、ＡＩ機械学習によるマイニング（採掘）だ。あえて仮説を立てずに、コンピュータが学習するプロセスの中で、データ間の関連性やパターンを抽出する。データの相関を見逃さないため、人間では気がつかないような思わぬ発見があり、それがビジネスの抜本的な課題解決につながったりもしている。

ただし、ＡＩには大きな課題もある。導き出されたアウトプットがブラックボックスの中にあるということだ。最近では、ＡＩモデルが導き出したアウトプットを人間が理解できるようにする「説明可能ＡＩ」の研究も進んではいるものの、実装されている領域はまだほんの一部である。

そのブラックボックスから解き放たれない限り、本書が追求してきた「経営に資する情報」としての活用はあり得ない。データドリブン経営といえども、やはり人間の理解を超えたアウトプットは信頼に足るものとはいえず、責任の所在がなくなるからだ。

たとえば、世界中の自動車メーカーが躍起になって開発に取り組んでいる自動運転にしても、万一の事故が起こった際の責任の所在が実用化を阻む大きな障壁となっている。これは、法律をつくるだけで解決できる問題ではない。倫理そのものにかかわってくるからだ。むしろ、ＡＩに期待されるのは運転を自動化することではなく、人間の安心・安全をサポートすることだ。それだけに、今後は経営においても、そのようなアプローチによるＡＩ活用が追求されていくであろう。

その架け橋となりそうなのが、「ＡＩ×ＢＩ」という発想だ。

たとえば、ＡＩは特徴量を抽出することを得意とするが、その結果は数値データでアウトプットされるため、人間が解読することは難しい。そこで、ＢＩツールを使って可視化することで、価値ある知見へと変換させるのである。

また、ＡＩはテキスト・画像・音声・映像といった非構造化データやＩｏＴのログデータなどからパターンや特徴を見出し、さまざまな予測や解析・推論を行うことができるものの、Ｒ言語やＰｙｔｈｏｎなどを駆使した高度なプログラミングが前提となる。そこで、その敷居を下げ、データ分析と活用の新しいステージを築くことをめざして、ＢＩツールにＡＩエンジンを組み込む方法も模索されている。

さらに、ドローンやセンサーなどによって身近になりつつある３Ｄデータを使って、災害の予兆検知やインフラ点検、ＣＯ２の排出制御などにつなげようとする動きも現実味を帯びつつある。ここでもＡＩとＢＩがそれぞれの得意分野で分析に寄与すれば、その応用範囲はいっそう広がっていくはずだ。

これらの新しい取り組みは、直接的には本書が追求してきた「経営の意思決定」に寄与するものではないかもしれない。しかし、そのインパクトは企業変革や社会変革をドライブさせる可能性を秘めている。

この技術の進歩に追随していくためには、やはりデータに精通したエキスパートが必要になる。その一端を担う当社もまた、「経営の意思決定」を支援するＡＩの研究・開発には余念がない。

ただし、そのアプローチはＳＩベンダーなどとは一味違う。特定のＩＴ製品やベンダーに依存しない中立的な立ち位置で、顧客に寄り添ったサービスを提供する「データ×経営のスペシャリスト」集団である。猛スピードで高度化・複雑化するデジタルテクノロジーにおいては、ニーズにもとづき実装を行うエンジニア、より新しい技術のシーズ（種）に挑む研究者、そしてインフラやサービスを提供する製品ベンダーやプラットフォーマーが、それぞれ役割を果たすことが重要だが、その三者とユーザーである企業の間に立って目利きをし、理想的な化学反応へと導く触媒役も不可欠だ。当社はまさに、そのような存在を志向して最先端技術に臨んでいる。

あとがき

このたび、私が長年手がけてきた、ＤＸとデータ分析の領域に関する知見を一冊の本にまとめることができたことを大変嬉しく思っております。

これまでＩＴ業界で基幹システムの導入やＩＴコンサルティングに従事してきましたが、私自身は統計解析やＡＩのスキルが高いわけではありません。その意味で、技術力の面ではデータサイエンティストの方々のほうが高く、感服しております。

読者の皆様が「データ分析と活用」という言葉を聞いて、まず思い浮かべるのは、小売販売の需要予測やＳＮＳを活用したマーケティング分析ではないでしょうか。これら狭義の意味での「データ分析と活用」の領域においては、本書はあまり役に立たない内容となっているのかもしれません。

今回、私が筆を執ったのは、どのようにしてデータを活用していくのか、という問いに対して実際に現場でお答えしてきた経験をもとに、多くの読者の皆様にデータ活用の現実とその進め方をお伝えできればと考えたからです。

実は、ＤＸ関連で相談をいただく企業様の多くは、先に挙げた狭義の範囲の分析ではなく、「基幹システムのデータを活用したい」「ＥＲＰの刷新にあわせてＢＩ／ＤＷＨを導入したい」と要望されており、それがその企業様におけるＤＸ導入の契機となっているのが現実です。したがって、本書では「基幹システムのデータ」を軸に据えるほうが多くの企業様の経営課題に合致しており、自然であると判断しました。

実際、多くの企業様が「ＤＸの導入」や「データドリブン経営の実現」を掲げて取り組んでおられるものの、残念ながら、その成果はあまり見えてきません。ＤＸの領域では、従来の手法が通用しないうえ、さまざまな障害があるにもかかわらず、圧倒的な人材不足に陥っており、企業様と、企業様を支援するＩＴベンダー様の双方が大変な苦労をされています。人材不足ゆえに正しい情報や進め方がわからない、誤った情報が浸透してしまっている、という現実に対して、本書は一石を投じるとともに、ＤＸの導入を進めておられる企業様のバイブルとしてご活用いただくことを目的に執筆いたしました。

なお、最後まで読んでいただくとわかる通り、本書に普遍的な「解」の記載はありません。真のデータドリブン経営を実現する主役は、あくまでも企業様ご自身です。私どもにできることは、システムという「箱」を用意するだけであり、その箱に入れる「魂（データ）」は企業様ご自身が実際に汗をかいて入れていただく必要があります。

真のデータドリブン経営を実現するためには、企業様ご自身がさまざまな障壁を乗り越え、試行錯誤しなければなりません。その一歩を踏み出していただくうえで、本書が一助となれば幸いです。

自社のデータ活用度を知ることが大事

真のデータドリブン経営を加速させるためには、企業様が現状における自社内のデータの活用度合いを知ることが重要です。私どもは、このような課題に対して、自社のデータ活用度を可視化するオンラインサービス「データ活用度診断」を開発しました。

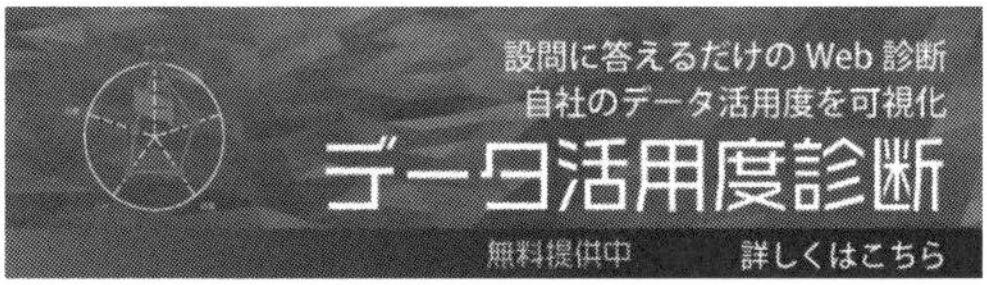

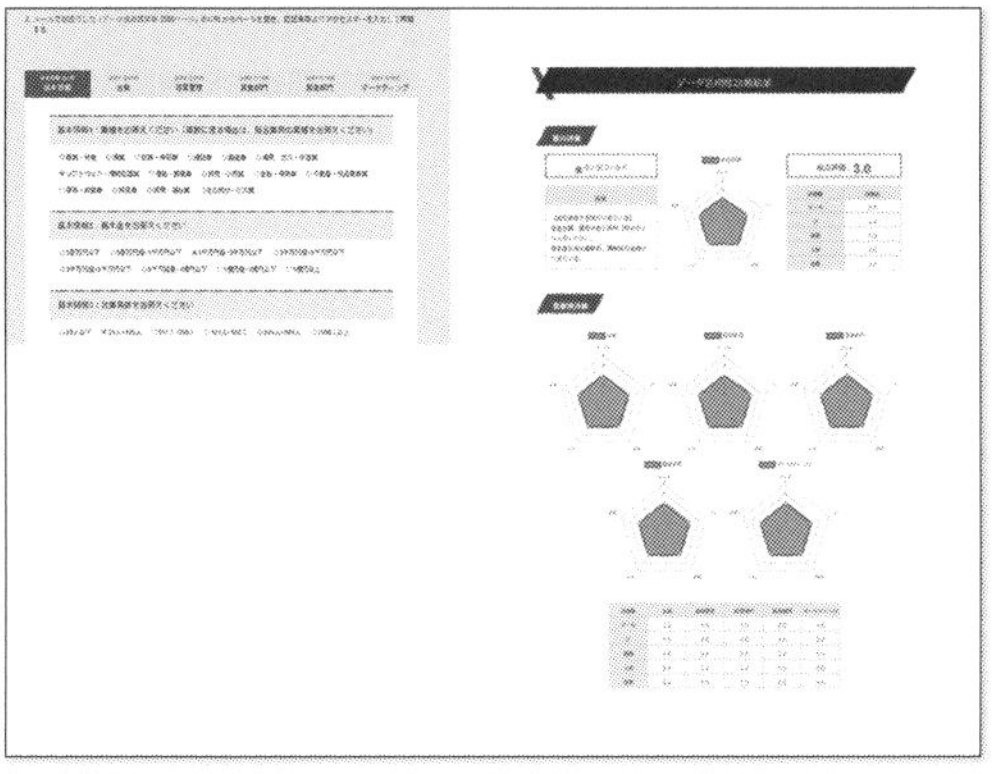

https://www.granvalley.co.jp/dmc

このツールは、すべて無料にて提供しております。設問にご回答いただくだけで、私どもの長年の知見にもとづき独自に開発したアルゴリズムによって、自社のデータ活用度が必要十分なレベルに達しているかなど、客観的にそうした状態を可視化することができますので、ぜひご活用ください。

最後に、本書の出版に大変なご協力をいただきました東洋経済新報社の皆様に御礼申し上げます。

また、本書をお読みいただきました読者の皆様にも厚く御礼申し上げます。現在、本書の続編とすべく「データ分析と活用」「ＤＸ」に関する具体的な導入方法論を執筆しております。次作もご期待いただけると幸いです。

グランバレイ株式会社
鍜治川　修

【著者紹介】
グランバレイ株式会社
特定のIT製品やベンダーに依存しない中立的な立ち位置で、顧客に寄り添ったコンサルティングサービスを提供する「データ×経営のスペシャリスト」集団。AIや機械学習、統計解析など、最新のテクノロジーを駆使したデータ分析によって、多数の企業のデータ駆動型経営の実現をサポートしている。2005年の創業以来、SAP導入企業を中心に国内各産業の有力企業の経営管理システム構築に携わる。

鍜治川　修（かじかわ　おさむ）
ERP／BIコンサルタントとして、25年の経験を持つ。大手コンサルティングファームにて、ERP導入や会計関連の業務コンサルティングに従事。その後、BIベンダーを経て、2012年にグランバレイに入社。数多くのBI製品の導入やDX関連のプロジェクトを主導。現在は、大手企業向けにBI／DWH導入の構想策定や要件定義の支援を実施するとともに、データ活用を指南する「BI戦略教導」の一環として、各種導入方法論の策定やその普及活動に力を注いでいる。

データドリブン経営の不都合な真実

2023年2月9日発行

著　者――グランバレイ株式会社
著　者――鍜治川　修
発行者――田北浩章
発行所――東洋経済新報社
〒103-8345　東京都中央区日本橋本石町 1-2-1
電話＝東洋経済コールセンター　03(6386)1040
https://toyokeizai.net/

DTP………………アイランドコレクション
装　丁……………中村勝紀（TOKYO LAND）
印刷・製本………中央精版印刷株式会社
Printed in Japan　　ISBN 978-4-492-96211-4